Andreas Wittel

Transições digitais

Andreas Wittel

Transições digitais

ScienciaScripts

Imprint
Any brand names and product names mentioned in this book are subject to trademark, brand or patent protection and are trademarks or registered trademarks of their respective holders. The use of brand names, product names, common names, trade names, product descriptions etc. even without a particular marking in this work is in no way to be construed to mean that such names may be regarded as unrestricted in respect of trademark and brand protection legislation and could thus be used by anyone.

Cover image: www.ingimage.com

This book is a translation from the original published under ISBN 978-3-659-77964-0.

Publisher:
Sciencia Scripts
is a trademark of
Dodo Books Indian Ocean Ltd. and OmniScriptum S.R.L publishing group

120 High Road, East Finchley, London, N2 9ED, United Kingdom
Str. Armeneasca 28/1, office 1, Chisinau MD-2012, Republic of Moldova, Europe
Printed at: see last page
ISBN: 978-620-8-15063-1

ÍNDICE DE CONTEÚDOS:

Introdução

Digital Transitions explora a relação entre as mudanças tecnológicas e os contextos sociais, políticos, económicos e culturais em que essas mudanças ocorrem. Mais especificamente, o livro centra-se nas tecnologias da informação e da comunicação. Começando talvez com a criação da world wide web por Tim Berners-Lee em 1989, os desenvolvimentos nas tecnologias digitais aceleraram nos últimos 25 anos a uma velocidade espantosa. Além disso, entraram em todos os sectores da vida. Embora as tecnologias digitais sejam tecnologias dos media, são muito mais do que isso. Os computadores infiltraram-se não só nas indústrias dos meios de comunicação, mas também em todos os sectores industriais, desde a agricultura e a indústria transformadora até às indústrias de serviços e às finanças.

Tiveram um impacto profundo na forma como trabalhamos. Tiveram também um impacto profundo na nossa vida pessoal, nas nossas interações quotidianas, na forma como comunicamos com os nossos familiares, amigos e desconhecidos. O que é particularmente notável é o facto de a separação clássica entre trabalho e não-trabalho já não fazer sentido. A economia digital ou o capitalismo digital tornaram-se indistinguíveis da vida na era digital. Não é uma coincidência que esta fusão da economia com a vida ocorra historicamente exatamente no momento que conduziu ao fenomenal crescimento das tecnologias digitais. Existe uma forte ligação entre estes dois acontecimentos históricos. A ascensão das tecnologias digitais tornou possível a fusão da economia e da vida.

Isto pode parecer um pouco tecno-determinista. Mas não é. As coisas são mais complicadas. A fusão da economia e da vida teve lugar numa economia política muito específica, no capitalismo. O que diferencia o capitalismo das economias políticas anteriores, como o feudalismo, é a invenção do trabalho assalariado. Toda a produção económica no capitalismo aconteceu sob a condição de trabalho assalariado, e o lucro baseia-se na exploração do trabalho assalariado. O surgimento das tecnologias digitais criou novas possibilidades de captura de valor pelo capital. Atualmente, um valor significativo pode ser capturado fora do trabalho assalariado. No capitalismo digital, é a nossa própria existência, os nossos pensamentos e sentimentos, as nossas redes, as nossas pegadas digitais que são utilizadas e exploradas pelo capital. Entrámos na fase daquilo a que Jodi Dean chama "capitalismo comunicativo" (Dean 2014).

Assim, em vez de nos limitarmos a apontar as tecnologias digitais como um fator determinante da mudança social e cultural, temos de analisar a forma como ambas, as tecnologias (digitais) e as economias políticas, interagem e remodelam o mundo. Além disso, temos de compreender o capitalismo como uma economia política que produz inerentemente conflitos de classe. Os trabalhadores têm agência e, por conseguinte, não são determinados pelas tecnologias digitais. É bastante óbvio que os trabalhadores e as pessoas já não são felizes. Em quase todo o planeta, começaram a reagir. O resultado destas lutas emergentes está em aberto. Estamos a meio de um período de transições digitais. As tecnologias mudaram profundamente, mas a nossa economia política não mudou, ainda não. Para a sobrevivência do nosso planeta, isto tem de acontecer.

Entretanto, temos menos do que uma transformação profunda da nossa economia política, temos um número infinito de transições, boas e más transições, algumas geradoras de esperança, outras de desespero. Este é o argumento central deste livro: *Transições Digitais* não é sobre transições de tecnologias digitais, mas sobre transições sociais, culturais, económicas e políticas. Centrar-me-ei em algumas delas. O livro é uma coletânea de trabalhos já publicados e de novos trabalhos.

O primeiro capítulo explora a noção de partilha, quer como conceito ou ideologia, quer como prática social. A partilha tornou-se uma das palavras-chave para uma análise do capitalismo digital. O objetivo deste capítulo é demonstrar como a partilha, enquanto prática social, se alterou na era digital. Isto, por sua vez, traz novos significados para o conceito de partilha (para a distribuição de conteúdos digitais). A compreensão das transformações da partilha na era digital é particularmente importante para dar sentido à chamada "economia da partilha". Muito ironicamente, a "economia da partilha" não tem nada em comum com uma noção mais tradicional de partilha. Trata-se apenas de um novo mercado e de um novo modelo de negócio no capitalismo neoliberal que utiliza os meios de comunicação social para mercantilizar novos espaços, como os espaços em carros particulares e habitações particulares.

O segundo capítulo explora uma transição numa disciplina académica ou num campo de investigação académica. Esse domínio é a economia política dos media e da comunicação. O capítulo argumenta que a economia política dos media e da comunicação sofreu uma mudança profunda. Na era dos meios de comunicação de massas, este campo de investigação utilizou a teoria marxista - se é que a utilizou - de uma forma bastante limitada. Preocupava-se sobretudo com a questão da propriedade dos meios de produção. No entanto, na era dos media digitais e distribuídos, este campo pode envolver-se produtivamente em todos os aspectos da economia política marxista. Atualmente, conceitos como classe, trabalho, valor, propriedade, mercadoria e alienação, para citar alguns, podem ser utilizados com grande efeito e poder explicativo para uma análise do capitalismo digital.

O terceiro capítulo centra-se na construção dos bens comuns digitais. Os bens comuns digitais são um momento de contra-mercadoria. Tem um grande potencial para se tornar uma verdadeira alternativa à produção de mercadorias. Tem o potencial de criar as sementes de um novo modo de produção - uma produção entre pares baseada nos bens comuns - porque as tecnologias digitais são agora um elemento-chave em todo o trabalho e em todos os sectores industriais. No entanto, é cada vez mais óbvio que os bens comuns digitais continuam a estar presentes apenas em algumas áreas da atividade produtiva. Permanece sobretudo nos bens comuns do conhecimento (por exemplo, a Wikipédia) e nos bens comuns do software (por exemplo, a fonte aberta). O capítulo explica porquê e como este problema está ligado à noção de trabalho, de trabalho assalariado e de trabalho livre. Explora também a sua economia política. Os bens comuns digitais não são uma economia de dádiva, mas uma economia de contribuições unilaterais e não recíprocas.

O quarto e último capítulo volta a incidir sobre as culturas académicas. Enquanto o capítulo dois descreve a transição teórica de uma área de investigação, o capítulo quatro trata da transição da prática académica. Esta transição da prática está fundamentalmente a reformular o que é suposto a investigação académica fazer. É uma transição da interpretação do mundo para a sua transformação, para utilizar a famosa última tese de Marx sobre Feuerbach Estamos no início de uma viragem ativista em temas relacionados com as ciências sociais, as artes e as humanidades. O capítulo apresenta um mapeamento muito básico e muito incompleto desta viragem ativista, explica as razões subjacentes à sua forte emergência e descreve alguns dos desafios futuros que o ativismo académico enfrenta.

Uma última palavra sobre a relação entre mudança e continuidade. Alguns períodos históricos são marcados predominantemente por longos períodos de continuidade, outros por rupturas extremas e violentas, em que práticas, estruturas e ideias tradicionais são substituídas por outras novas. É seguro dizer que não estamos a viver tempos calmos em que nada acontece. No entanto, mesmo os períodos de rutura não são apenas definidos pela mudança. Também eles têm as suas continuidades e, devido à enorme perturbação causada pela mudança, essas continuidades são muitas vezes negligenciadas, ou mesmo ignoradas. Embora não negue estas continuidades, estou pessoalmente mais interessado numa exploração das mudanças, transformações e transições. Afinal de contas", diz Manuel Castells (1998: 367), "se nada é novo debaixo do sol, porquê dar-se ao trabalho de tentar investigar, pensar, escrever e ler sobre isso?

CAPÍTULO 1

1. As qualidades da partilha e as suas transformações na era digital[1]

Introdução

A partilha é uma prática quotidiana bastante mundana, normalmente associada à família, ao parentesco, à amizade e à comunidade. No entanto, a noção de partilha tem recebido recentemente muita atenção nos debates sobre os media digitais e as culturas de rede. Ora, a partilha é tudo menos mundana. É a expressão de um imaginário utópico. A partilha está agora associada à política, aos valores socialistas, comunistas e anarquistas, ao movimento da cultura livre e aos bens comuns digitais. Juntamente com valores semelhantes, como a abertura e a colaboração, opõe-se a tudo o que está associado à ética neoliberal (isto apesar das tentativas dos autores empresariais de cooptarem esses termos para os seus próprios fins lucrativos). De facto, as políticas de avaliação da partilha variam muito.

Sem dúvida, como Benkler (2004) sugeriu, a partilha (pelo menos quando não está a ser mistificada) é "agradável". Mas um olhar mais atento sugere que a questão da partilha é mais complicada do que isso. Para além do termo "partilha" em si, o facto de S. Martinho cortar o seu casaco em duas metades para ajudar um sem-abrigo gelado não tem nada em comum com a partilha de uma casa, que, mais uma vez, é uma prática social bastante diferente do carregamento das nossas fotografias de família nas plataformas das redes sociais.

São os aspectos sociais da partilha, bastante negligenciados, que estão no centro das considerações que se seguem. Até agora, a maioria dos comentadores tem abordado as implicações económicas da partilha na era digital, por vezes com uma referência às economias da dádiva (Benkler 2004; Benkler 2006; Leadbeater 2008; Tapscott/Williams 2008; Shirky 2010). Normalmente, parte-se do princípio de que todas as formas de partilha reforçam o social. Este pressuposto implícito tem de ser contestado - particularmente no que respeita aos ambientes digitais. Para o fazer, temos de desvendar um termo que está a tornar-se mais complexo. A "partilha" é utilizada para diferentes práticas sociais com diferentes funções e diferentes motivações. É utilizado para uma multiplicidade de realidades sociais e éticas. Existe o perigo de confundir diferentes qualidades sociais da partilha, o que, por sua vez, pode produzir distorções, ilusões e delírios.

Vamos ilustrar a diferença entre uma análise económica e uma análise social da partilha com um exemplo. Yochai Benkler (2004) desenvolveu uma análise ambiciosa e influente da partilha na economia em rede. Utilizando os dois exemplos do carpooling

---

1 Este capítulo foi publicado pela primeira vez na *International Review of Information Ethics,* Vol. 15 (09/20011). O artigo faz parte de uma edição especial sobre "Ética da Partilha", editada por Felix Stalder e Wolfgang Sutzl.

e da computação distribuída (por exemplo, SETI@home), Benkler demonstra que a "partilha social" é uma modalidade significativa de produção económica que coexiste e, por vezes, supera os sistemas de produção económica baseados no preço. A importância do trabalho de Benkler reside em dois aspectos. Em primeiro lugar, o autor não limita a sua análise ao trabalho criativo e aos seus produtos, como o conhecimento, a informação e as ideias. Em vez disso, centra-se também nos bens rivais. Em segundo lugar, argumenta a partir de uma perspetiva de objeto. O autor esforça-se por definir as caraterísticas dos "bens partilháveis". Os bens partilháveis são aqueles que têm capacidades excedentárias (lugares não utilizados num automóvel e potência informática não utilizada). Com esta análise dos bens partilháveis, consegue explicar por que razão alguns bens partilhados podem ter um desempenho superior a um sistema em que os mesmos bens são regulados através de mercados e sistemas baseados em preços.

O que faz todo o sentido para uma análise económica é bastante problemático para uma análise social da partilha. De uma perspetiva social, a ideia de "bens partilháveis" não faz sentido, uma vez que todos os bens são potencialmente partilháveis. O facto de um automóvel ter ou não capacidade excedentária não depende de um raciocínio económico objetivo (número de lugares disponíveis), mas sim da vontade de partilhar daqueles que estão sentados no automóvel. A partilhabilidade, enquanto categoria social, não é definida por algumas qualidades intrínsecas dos bens, mas pelos seres humanos e pelo seu raciocínio subjetivo. No entanto, é de facto interessante para uma análise social da partilha centrar-se no objeto partilhado - não para obter informações sobre a *possibilidade de partilha* (como faz Benkler com a sua perspetiva económica), mas, como pretendo argumentar, para fazer afirmações sobre as *qualidades sociais da partilha.*

Isto abre um segundo ponto de partida. Embora a análise de Benkler dos "bens partilháveis" não diferencie entre bens rivais e não rivais, esta distinção, bem como a *diferença entre bits e átomos*, é crucial para a compreensão do lado social da partilha. Ilustremos este ponto com o tratamento que Benkler dá ao carpooling como equivalente à computação distribuída. Para Benkler, ambos são exemplos de "partilha social". O que funciona no domínio da economia não funciona no domínio do social. Para ser franco, a partilha de boleias produz o social, produz processos sociais, proximidade social e, muito provavelmente, alguma forma de interação, talvez até conflitos e/ou laços sociais. A computação distribuída - apesar de ser um projeto de imenso valor económico, ambiental e ético - não produz nada além de poder computacional.

Como já foi indicado, o objetivo deste artigo é uma tentativa de trabalhar no sentido de um conceito sociológico de partilha na era digital. Embora exista um enorme corpo de trabalho teórico sobre a dádiva, particularmente no âmbito da antropologia (Mauss

1954; Sahlins 1974; Bourdieu 1997; Godelier 1999: Graeber 2002; Hyde 2007), as práticas de partilha são surpreendentemente pouco investigadas. Esta falta de trabalho concetual inovador sobre a partilha pode ser parcialmente explicada pela subsunção de algumas formas de partilha (por exemplo, a partilha de alimentos) à noção de troca de presentes. Pode também resultar do facto de a noção de partilha significar demasiadas coisas diferentes. As considerações que se seguem não constituem uma análise exaustiva da partilha. O enquadramento é bastante restrito: uma inspeção do impacto que as tecnologias digitais têm nas qualidades sociais da partilha.

Esta é a hipótese: diferentes formas de partilha têm qualidades diferentes em relação ao social. Têm diferentes níveis de impacto no domínio do social. As formas de partilha que intensificam a interação social têm uma qualidade superior às formas de partilha que não reforçam os laços sociais. Inspiro-me no enfoque de Benkler nos objectos (no seu caso, "bens"), mas não estou a estudar a possibilidade de partilha económica, mas sim as qualidades sociais da partilha. Num mundo pré-digital, esta inspeção das diferentes qualidades não teria feito muito sentido, uma vez que todas as coisas que eram partilhadas (coisas materiais e imateriais, como pensamentos ou afectos) conduziam a uma intensificação da interação social. No entanto, na era digital, esta não é uma conclusão óbvia. As tecnologias digitais, argumentarei, trazem novas formas de partilha - no entanto, estas novas formas podem não enriquecer per se o social.

Para estabelecer um quadro de análise das qualidades da partilha, vou centrar-me no *objeto,* naquilo que é partilhado. Para desempacotar o objeto, temos de considerar três pontos: (1) Temos de distinguir entre coisas materiais e imateriais na era pré-digital. (2) Precisamos de examinar a embalagem digital das coisas materiais e imateriais. Neste caso, aplicaremos a distinção de Bruno Latour entre mediadores e intermediários para explicar como os objectos digitais estão a ser partilhados. (3) Precisamos de abordar questões como a escala e a segmentação e estudar as suas implicações para a criação de laços sociais em ambientes digitais.

Objectos materiais e imateriais na era pré-digital

Deixemos as tecnologias digitais de lado por um momento. Na era pré-digital, as pessoas partilhavam coisas materiais e imateriais. *As coisas materiais* partilhadas tornam-se *"reduzidas"* para aqueles que participam no ato de partilha. Esta observação aplica-se tanto a objectos materiais, como T-shirts, álbuns de vinil e jornais, como a espaços materialmente fechados, como casas, carros e salas de escritório. Também se aplica a objectos biológicos. Se uma maçã for partilhada entre duas pessoas, cada uma delas receberá apenas metade da maçã. As motivações para a partilha de bens materiais e biológicos podem ser muito diferentes. Uma pessoa pode preferir viver sozinha e mesmo assim partilhar uma casa por razões económicas. Outra pessoa pode optar por partilhar uma casa por razões puramente sociais. Independentemente destas diferentes motivações, a decisão de partilhar produzirá geralmente uma intensificação da atividade social e das trocas sociais. Dois amigos que decidam comprar um disco de vinil em conjunto não terão controlo total sobre este objeto material e terão de negociar as condições de utilização (o álbum é reduzido para cada um deles). Mas a compra reforça a sua ligação, uma vez que o álbum cria um elo adicional entre eles.

Enquanto a partilha de coisas materiais produz o social (como consequência), a partilha de *coisas imateriais* é social em primeiro lugar. Quer partilhemos coisas intelectuais, como pensamentos, conhecimentos, informações, ideias e conceitos, ou coisas afectivas, como sentimentos, memórias, experiências, gostos e emoções, a prática da partilha é uma interação social.[2] A partilha de coisas imateriais produz (como consequência) outras coisas para além das relações sociais, como o conhecimento, a arte, as regras e a religião.

Enquanto a partilha de coisas materiais pode exigir algumas formas de sacrifício para quem partilha (só uma pessoa pode usar uma camisola partilhada num determinado momento), a partilha de coisas imateriais não "reduz" nada, mas acrescenta valor ao que está a ser trocado. Isto é muito óbvio para as trocas intelectuais, mas também é verdade para as trocas afectivas. "Uma alegria partilhada é uma alegria a dobrar, um problema partilhado é um problema reduzido a metade", diz o provérbio.

Em resumo: na era pré-digital, a partilha é sempre mútua, sempre social e sempre baseada no princípio da reciprocidade generalizada.[3]

Embalagem digital de objectos materiais e imateriais

O que acontece aos exemplos acima referidos quando são partilhados digitalmente? Se ignorarmos por um momento a questão da escala, a qualidade social da partilha não muda sistematicamente quando coisas imateriais, como ideias ou sentimentos, são partilhadas digitalmente. Uma conversa pessoal entre dois amigos ou uma troca profissional entre dois cientistas pode acontecer cara a cara, através de cartas, ao telefone, numa sala de conversação em linha ou através de mensagens de texto instantâneas. Como McLuhan, nem a mediação destas conversas em geral nem o meio específico escolhido têm necessariamente um efeito sistemático nos laços sociais que são produzidos devido a estas trocas. Assumiríamos que as pessoas com literacia mediática escolheriam o meio que considerassem apropriado e adequado à natureza da sua conversa.

---

2 Para uma distinção entre coisas intelectuais e afectivas no domínio do imaterial, ver Hardt/Negri (2000: 290-293)

3 Poder-se-ia objetar a esta afirmação e apontar para práticas altruístas de doação desinteressada, tais como doações de sangue, doações de órgãos, doações financeiras para boas causas e recolhas de roupas velhas para pessoas necessitadas. É claro que é correto que estas práticas são não recíprocas, sem intenção de troca. No entanto, eu não as incluiria na noção de partilha. "Dar" e "oferecer" seriam termos mais apropriados para estas dádivas altruístas.

E quanto aos objectos materiais? É óbvio que nem todos os objectos materiais podem ser partilhados digitalmente, basta pensar numa mesa. O que pode ser partilhado são os objectos materiais que contêm *conteúdo imaterial/cultural',* um livro, um jornal, um álbum de discos, um álbum de fotografias. Antes da era digital, os conteúdos culturais/imateriais - um romance, uma canção, um filme - eram produzidos e reproduzidos com materiais como o papel, a cassete de áudio e a cassete de vídeo. Agora, esta embalagem material de conteúdos culturais/imateriais pode ser substituída ou alargada por uma *embalagem digital,* com bits em vez de átomos.

Pretendo argumentar que este novo formato, a embalagem digital de conteúdos imateriais, tem implicações profundas na noção de partilha. O que está realmente a mudar é a própria noção de partilha e a "redução" associada dos objectos partilhados. Partilhar um carro significa não ter acesso ao carro a toda a hora, partilhar uma manga com outra pessoa significa que ambos só podem comer metade da manga. Esta forma de partilha envolve normalmente a noção de sacrifício e a antropologia económica esforçou-se por argumentar que é precisamente este sacrifício que produz uma intensificação das relações sociais, um reforço dos laços sociais.

A partilha de coisas digitais é fácil, não implica qualquer sacrifício. As coisas digitais multiplicam-se. Se partilharmos um poema digitalmente, partilhamo-lo de uma forma abstrata, partilhamos o conteúdo cultural/imaterial, o significado do poema, partilhamos o nosso gosto pela poesia e pela literatura, mas não partilhamos o ficheiro em si.

Por esta razão, poder-se-ia argumentar que o termo partilha é bastante problemático, talvez enganador, para os objectos digitais. Parece que a partilha, tal como o roubo, entrou na linguagem das culturas digitais devido a meras razões ideológicas. Ambos os termos são utilizados para justificar moralmente novas formas de práticas sociais. Partilhar é bom, roubar é mau. Mas copiar não é bom nem mau. Copiar não é partilhar nem roubar, é apenas copiar, multiplicar.

No que diz respeito à "partilha" no domínio digital e às suas implicações para a interação social, podemos distinguir duas formas de "partilha", com base numa distinção de Bruno Latour (2005), entre intermediários e mediadores. *Os intermediários* transportam mensagens (conteúdo, código, significado) sem as transformar. *Os mediadores* transformam, traduzem, distorcem e modificam o significado ou os elementos que são supostos transportar.

Estes conceitos apontam para diferentes *funções* da partilha digital. A partilha como intermediário tem a ver com a *distribuição,* refere-se a uma pura disseminação de conteúdos (por exemplo, "partilha" de ficheiros). A partilha como mediador refere-se, por exemplo, a listas de correio, páginas wiki, grupos de discussão, blogues com funcionalidades de feedback, etc. Trata-se de *intercâmbio,* ou mais precisamente, de *intercâmbio social.* Trata-se de criação e produção e, obviamente, esta função de partilha sempre existiu; não é de todo específica da era digital.

Qual é a relação entre estas duas funções e as qualidades sociais da partilha? Em suma, a partilha como distribuição tem o potencial de criar interação social, mas também tem o potencial de não desencadear quaisquer respostas sociais. A distribuição pode transformar-se em intercâmbio social, mas não há garantias. O software de partilha de ficheiros, que mais precisamente deveria chamar-se software de multiplicação de ficheiros, não produz trocas sociais significativas. Um blogue ou uma entrada numa plataforma de redes sociais começa como distribuição, mas tem potencial para se transformar em intercâmbio social.

Escala e orientação dos objectos imateriais

A última parte desta análise centrada no objeto centra-se nas coisas imateriais, como o conhecimento, as ideias, as paixões e os sentimentos. Centrar-nos-emos, em particular, na diferença entre a partilha digital e a partilha não digital de coisas imateriais. Para compreender estas diferenças, teremos de examinar a questão da escala e a questão da seleção ou da orientação. Recentemente, Charles Leadbeater (2008) cunhou uma frase bastante intrigante: "Você é o que partilha". Há algo de muito belo nesta afirmação, mas também é enganadora, pois sugere que quanto mais partilhamos, melhor somos. A realidade, porém, é bem diferente. Ninguém pode partilhar tudo com toda a gente. Pelo contrário, na nossa vida quotidiana, temos de pensar cuidadosamente com quem partilhamos e o que partilhamos. Partilhar é um investimento, pelo que é provável que seleccionemos aqueles que consideramos dignos de confiança, aqueles que esperamos que respondam de forma adequada ao que partilhamos. A partilha também depende do timing, do momento certo. Depende do contexto e da situação.

A primeira transformação fundamental que as tecnologias digitais podem ter na prática da partilha é a possibilidade de *partilha em grande escala.* Em vez de partilhar com uma pessoa ou um pequeno grupo, utilizamos wikis, blogues, listas de discussão, sítios de redes sociais para partilhar assuntos intelectuais e afectivos. Estas formas de partilha em grande escala ilustram particularmente bem o esbatimento das duas funções da partilha, da distribuição e da troca social. Um novo post num blogue é uma distribuição unilateral de conteúdos no ciberespaço. A verdadeira partilha enquanto troca só acontece quando o post do blogue recebe comentários em troca.

A segunda forma fundamental pela qual as tecnologias digitais podem transformar a partilha de coisas imateriais refere-se à *seleção e* ao *direcionamento.* Com as formas de partilha em grande escala, abandonamos a possibilidade de selecionar pessoas específicas com quem queremos partilhar. Em última análise, não podemos controlar quem responde ao que distribuímos em wikis, blogues, sítios de redes sociais e listas de discussão. Em vez de sermos nós a escolher com quem partilhamos, somos escolhidos por outros para trocas intelectuais e afectivas. Também perdemos o controlo sobre o timing e o momento certo para partilhar algo.

A partilha digital em grande escala de conhecimentos e afectos traz novas oportunidades e vantagens, mas também novos riscos. As vantagens e oportunidades são bem visíveis no domínio das *trocas intelectuais*. O movimento open-source, a wikipédia, a wikiversidade, o movimento A2K (acesso ao conhecimento), o bookmarking social, os recursos educativos abertos, a publicação aberta - todas estas iniciativas e muitas outras surgiram com o aparecimento da Web social, com o aparecimento da produção pelos pares e da colaboração em massa. A partilha digital em grande escala de conhecimentos, informações, códigos e dados é uma história de sucesso incrível e tem sido, com razão, celebrada por vários comentadores nos últimos anos (Rheingold 2002; Weber 2004; von Hippel 2005; Benkler 2006; Tapscott/Williams 2008; Reagle 2010; Krikorian/Kapczynski 2010). É agora um argumento bem conhecido e bem ensaiado que estas formas de partilha levaram a inovação a novos níveis e produziram um conhecimento digital comum em constante crescimento (embora sempre ameaçado).

A partilha em grande escala de assuntos *afectivos* ainda não se transformou numa história de sucesso a celebrar. Esta forma de partilha não recebeu a mesma atenção e é menos explorada. Parece difícil, neste caso, apresentar argumentos gerais. Trata-se de um fenómeno novo que exige mais investigação etnográfica. Em "Alone Together", o tom de Sherry Turkle (2011), bem como a sua avaliação da vida virtual, é muito mais sóbrio do que nos dois primeiros livros da sua trilogia. Agora existe um perigo real de que a tecnologia digital não melhore o social, mas o substitua. Eventualmente, Turkle continua a ser cautelosamente otimista, mas as suas histórias de vida na era dos meios de comunicação social estão cheias de negligência, distração e práticas sem sentido de (des)envolvimento.

Pode ser perigoso equiparar a partilha em grande escala de assuntos afectivos apenas aos sítios Web das redes sociais, uma vez que existe uma diferença entre os blogues e os grupos de discussão, por um lado, e as plataformas das redes sociais, por outro. Há uma diferença no que diz respeito ao anonimato (que até agora é impossível de garantir nos sítios das redes sociais), mas também no que diz respeito ao *alvo* (geralmente, os blogues, as listas de correio e os grupos de discussão são mais adequados para uma comunidade específica com interesses semelhantes do que o grupo bastante diversificado de "amigos" e "seguidores" que acumulamos nos sítios das redes sociais. Assim, a noção de partilha parece ser especialmente problemática nos sítios das redes sociais.

Um exemplo muito triste das implicações sociais da partilha em grande escala de assuntos afectivos pode ser encontrado numa história publicada pelo Telegraph em janeiro de 2011.[4] Uma mulher de 42 anos do Reino Unido publicou uma mensagem no Facebook para os seus 1048 amigos no dia de Natal, anunciando que se ia suicidar e que tinha acabado de engolir os comprimidos. A mensagem foi amplamente discutida na sua rede de contactos e deu origem a 148 respostas em que os seus "amigos" discutiram a declaração e a anterior rutura da relação desta mulher. Mas ninguém se deu ao trabalho de lhe telefonar, chamar a polícia ou ir a casa dela, apesar de muitos dos seus "amigos" que discutiram a mensagem viverem muito perto. Por isso, ela morreu.

É do senso comum que as pessoas que anunciam o suicídio querem ser resgatadas. Isto é provavelmente ainda mais verdadeiro neste caso específico, uma vez que a mulher anunciou o seu suicídio utilizando métodos de partilha em grande escala. Não é absurdo supor que esta mulher ainda estaria viva se tivesse partilhado as suas intenções não numa rede digital (sem possibilidade de seleção e segmentação) mas apenas com um ou mais amigos selecionados (independentemente do meio de comunicação). Certamente que este não é um exemplo típico da vida quotidiana, não é representativo de forma alguma. No entanto, deixa claro que Turkle tem razão e que 1048 amigos no Facebook não são de todo uma indicação de uma vida social rica. Também apoia o argumento que tenho tentado apresentar neste ensaio, de que a partilha como distribuição não deve ser confundida com a partilha como troca social. No entanto, como este caso tristemente ilustra, esta confusão pode ser demasiado real.

Conclusão

As definições e os significados das palavras não são imutáveis. Mudam com o tempo e o mesmo acontece com o termo "partilha". Enquanto a partilha na era pré-digital se destinava a produzir trocas sociais, a partilha na era digital tem a ver com trocas sociais, por um lado, e com distribuição e divulgação, por outro. O que torna a partilha com os meios digitais tão difícil de compreender é exatamente esta confusão de dois objectivos bastante diferentes. Para resistir às mistificações e às formas ideológicas de apropriação desta palavra, é importante estar consciente das suas múltiplas transformações digitais.

---

4 http://www.telegraph.co.uk/technology/facebook/8241015/Facebook-friends-mock-suicide-of-woman-who-posted-goodbye-message.html

CAPÍTULO 2

2. Marx digital: Para uma economia política dos media distribuídos[5]

Introdução

Esta é a afirmação: na era dos *meios de comunicação de massas*, a economia política dos meios de comunicação social tem-se ocupado dos conceitos marxistas de uma forma bastante limitada. Na era dos *media digitais*, a teoria marxista pode e deve ser aplicada num sentido muito mais amplo a este campo de investigação. Para os teóricos marxistas, este desenvolvimento é de aplaudir, pois permite uma inclusão e apropriação mais alargadas dos seus conceitos. O artigo fundamentará esta afirmação através de uma abordagem em duas etapas.

O primeiro passo é apresentar provas da afirmação de que a economia política dos meios de comunicação social se envolveu com a teoria marxista de uma forma bastante limitada. Trata-se também de explicar a lógica subjacente a este envolvimento limitado e de explicar por que razão os media digitais - ou melhor: as coisas digitais - abrem novas e promissoras possibilidades de incorporar um leque mais alargado de conceitos marxistas centrais para uma análise tanto dos media digitais (especificamente) como (mais genericamente) do capitalismo na era da informação.

O segundo passo - que é realmente o objetivo central deste artigo - é uma exploração dos conceitos-chave da economia política de Marx - tais como *trabalho, valor, propriedade e luta* - e uma breve descrição da sua relevância para uma análise crítica dos media digitais ou das coisas digitais. Estes conceitos-chave são particularmente relevantes para uma compreensão mais profunda de fenómenos como a produção não mercantil, a produção pelos pares e os bens comuns digitais, e para intervenções em debates sobre cultura livre, propriedade intelectual e trabalho livre.

Parte deste artigo é uma inspeção crítica do conceito de *trabalho livre*, que foi altamente produtivo para iluminar os novos desenvolvimentos na rede social, mas que sofre de falta de rigor analítico e mistura uma série de práticas bastante diferentes. Um dos principais desafios do capitalismo digital é a necessidade de repensar o trabalho para as actividades humanas que se desenvolvem fora das relações salariais e de outras formas de trabalho mercantilizado. Para fazer avançar o debate sobre o trabalho livre, quero argumentar que precisamos de discutir o trabalho. Para reflectirmos sobre o trabalho, temos de refletir sobre a propriedade, o valor e a teoria do valor do trabalho. Muitas das conclusões a que chego neste artigo só podem ser alcançadas através da luta. Uma observação muito breve sobre a luta aponta para a relação entre os media digitais e os movimentos sociais. Na era digital, a economia política dos media pode ocupar um novo território com uma inspeção da ação direta e das suas várias formas

---

5 Este capítulo foi publicado pela primeira vez em *tripleC,* 10(2): 313-333, 2012. O artigo faz parte de uma edição especial, "Marx is Back", editada por Christian Fuchs e Vincent Mosco.

de mediação.

A economia política dos meios de comunicação social

A economia política dos meios de comunicação social constituiu-se como um campo académico na era dos *meios de comunicação de massas,* que se caracterizam por formas lineares e fluxos de comunicação unidireccionais, em que os conteúdos são distribuídos por um pequeno número de produtores a um grande número de receptores. Resumir em poucos parágrafos os principais problemas, questões, debates e conclusões de um domínio académico é sempre uma tarefa difícil que conduz a simplificações excessivas, generalizações questionáveis e ao privilégio de uma narrativa coerente em detrimento de uma perspetiva mais matizada. Isto também se aplica ao domínio da economia política dos media e da comunicação. No entanto, é surpreendente que exista um consenso bastante alargado sobre o que é este domínio. Comparando uma série de introduções a este campo (Mosco 1996; Devereux 2003; McQuail 2005; Durham/Kellner 2006; Laughey 2009; Burton 2010), torna-se bastante óbvio que não há muito desacordo sobre as principais questões, perguntas e conclusões que têm sido produzidas na economia política dos media e da comunicação.

Começa com a observação de que as instituições dos meios de comunicação social têm vindo a ser cada vez mais privatizadas e transformadas em empresas. Este facto é considerado problemático, uma vez que as indústrias dos meios de comunicação social não são vistas como uma indústria qualquer. Para compreender o carácter invulgar das indústrias dos meios de comunicação social, há que examinar a dupla natureza do conteúdo produzido, que é simultaneamente um bem de consumo e um bem público. É um bem privado - uma mercadoria - uma vez que as indústrias dos media estão a utilizar os seus produtos para a acumulação de lucros. Ao mesmo tempo, este conteúdo é um bem público, uma vez que constitui, em certa medida, a esfera pública. Assim, por um lado, as instituições mediáticas têm uma função social, cultural e política e, por outro, são movidas por interesses económicos. É esta dupla natureza do conteúdo dos meios de comunicação social que torna bastante questionável o pressuposto de que os meios de comunicação social são uma força independente, salvaguardando naturalmente a democracia e o interesse público. Igualmente duvidoso é o pressuposto de que os meios de comunicação social apenas reflectem a opinião pública.

A economia política dos meios de comunicação social baseia-se na premissa de que os meios de comunicação social são poderosos, que são capazes de influenciar a opinião pública e moldar o discurso público. Por conseguinte, é fundamental centrar a atenção na produção de conteúdos mediáticos num contexto político e económico mais vasto. É este enfoque na materialidade e nas condições políticas, económicas e tecnológicas em que os conteúdos dos media são produzidos que distingue a economia política dos media de outros campos académicos, como as vertentes mais afirmativas dos estudos culturais e dos estudos de audiência, que geralmente localizam o poder e o controlo não nas instituições dos media, mas numa audiência ativa como verdadeira produtora de significado.[6] A economia política dos media é tanto uma análise social como uma análise dos media e da comunicação.

Este domínio incide principalmente nas seguintes questões: Em primeiro lugar, a compreensão do mercado dos media. Como é que as empresas de comunicação social produzem receitas e geram lucros? Em segundo lugar, uma análise das questões relativas à propriedade das organizações dos meios de comunicação social (organizações públicas, comerciais e privadas sem fins lucrativos) e uma análise das implicações das estruturas de propriedade no que diz respeito aos produtos dos meios de comunicação social (obviamente, isto é especialmente relevante para a produção de notícias). Em terceiro lugar, o domínio está preocupado com a dinâmica de mudança do sector dos meios de comunicação social, em particular com desenvolvimentos como a internacionalização das indústrias dos meios de comunicação social, a concentração e conglomeração de organizações mediáticas e a diversificação dos produtos mediáticos. Isto conduz a debates sobre o imperialismo cultural e o imperialismo dos media. A quarta questão diz respeito à regulamentação dos meios de comunicação social, à política dos meios de comunicação social e à governação dos meios de comunicação social, inicialmente a nível nacional, mas cada vez mais com uma perspetiva global. É importante notar que estas áreas de investigação estão intimamente ligadas, de facto, sobrepõem-se consideravelmente.

Para apresentar as principais reivindicações da economia política dos media da forma mais breve possível, remeto para uma caixa de resumo em Denis McQuail (2005,100). Segundo ele, estas são as principais conclusões:

- O controlo económico e a lógica são determinantes
- A estrutura dos meios de comunicação social tende a concentrar-se
- A integração global dos media desenvolve-se
- Os conteúdos e as audiências são mercantilizados
- Diminuição da diversidade
- A oposição e as vozes alternativas são marginalizadas
- O interesse público na comunicação está subordinado aos interesses privados

Raymond Williams (1961), que normalmente não é retratado como alguém que faz parte do círculo restrito da economia política dos media, foi de facto um dos primeiros a desenvolver essa abordagem. Num ensaio sobre o crescimento da indústria dos jornais em Inglaterra, começa por observar que "continua a haver uma incapacidade bastante generalizada de coordenar a história da imprensa com a história económica e

6 Para uma análise das tensões entre os estudos culturais e a economia política, ver Kellner 1995 e Wittel 2004; para uma análise dos desacordos entre a economia política dos meios de comunicação social e os estudos de audiências activas, ver Schiller 1989: 135-157).

social no âmbito da qual tem necessariamente de ser interpretada" (194). O autor propõe-se desenvolver essa perspetiva, estudando empiricamente um período de 170 anos. As suas conclusões são muito cépticas:

> Estes números não corroboram a ideia de um desenvolvimento constante, ainda que lento, de uma imprensa melhor. O mercado está a especializar-se cada vez mais, em relação direta com as receitas publicitárias, e a revista popular para todos os tipos de leitores está a ser cada vez mais afastada. Em vez disso, parece um mercado de comunicações cada vez mais organizado, com a fórmula das "massas" como princípio social dominante e com as várias funções da imprensa cada vez mais limitadas à procura de um "ponto de venda". (234)

Se justapusermos esta passagem com as principais afirmações da caixa de resumo de McQuail, torna-se claro que Williams antecipou muitos dos temas e resultados que serão debatidos neste domínio nas próximas cinco décadas. O resumo citado no seu estudo é como um microcosmo do campo.

Marx e a economia política dos meios de comunicação social

As raízes teóricas da economia política dos media - pelo menos a sua tradição crítica (que é tudo o que me preocupa) - situam-se geralmente no marxismo. Afinal de contas, e como o nome já indica, este campo dos estudos dos media explora a comunicação numa perspetiva de economia política. Então, qual é o grau de envolvimento com Marx neste campo académico? A resposta curta: há algum envolvimento, mas é bastante limitado. Para apoiar esta afirmação com algumas provas, vou verificar uma série de textos que são geralmente considerados como contributos importantes.[7]

A primeira e bastante surpreendente constatação é que um número considerável de livros (Herman/Chomsky 1988; Schiller 1989; Curran 1991; Herman/McChesney 1997; Curran/Seaton 1997; Grossberg et al 1998; Curran 2000, Nicols/McChesney 2006) não faz qualquer referência ou faz menos do que uma mão-cheia de referências a Marx ou ao marxismo. Neste último caso, estas referências funcionam normalmente como sinais (por exemplo, para distinguir os marxistas das tradições liberais da economia política). Não se envolvem com a teoria marxista de uma forma mais profunda.

No entanto, todas elas têm as suas raízes na teoria marxista ou, para ser mais exato, numa parte específica da teoria marxista. Todas elas estão diretamente ligadas ao modelo da base e da superestrutura. Segundo Marx, a sociedade humana é constituída por duas partes, uma base e uma superestrutura. A base material é constituída pelas

7 Para simplificar esta análise, ignorarei aqui a teoria marxista alemã dos media (Brecht, Krakauer, Benjamin, Adorno, Enzensberger) no início da era dos meios de comunicação de massas, uma linha de pensamento que - talvez erradamente - não é normalmente incluída no campo da economia política dos media. Os textos que escolhi considerar não são certamente extensos, nem representativos de forma alguma, mas fornecem uma indicação sólida sobre a relação entre este domínio e a teoria marxista.

forças e relações de produção, a superestrutura refere-se ao domínio imaterial, à cultura, à religião, às ideias, aos valores e às normas. A relação entre a base e a superestrutura é recíproca, mas, em última instância, a base determina a superestrutura. Este modelo foi desenvolvido em vários escritos de Marx e Engels, talvez o mais famoso no prefácio de *Uma Contribuição à Crítica da Economia Política* e na *Ideologia Alemã.*

> O modo de produção da vida material condiciona o processo geral da vida social, política e intelectual. Não é a consciência dos homens que determina a sua existência, mas a sua existência social que determina a sua consciência. *(A Contribution to the Critique of Political Economy)*
>
> As ideias da classe dominante são, em cada época, as ideias dominantes, ou seja, a classe que é a força material dominante da sociedade é, ao mesmo tempo, a sua força intelectual dominante. A classe que tem à sua disposição os meios de produção material controla ao mesmo tempo os meios de produção mental, de modo que, de um modo geral, as ideias daqueles que não dispõem de meios de produção mental estão sujeitas a ela. As ideias dominantes nada mais são do que a expressão ideal das relações materiais dominantes, as relações materiais dominantes apreendidas como ideias; portanto, das relações que fazem de uma classe a classe dominante, portanto, as ideias de sua dominação [...Na medida, portanto, em que dominam como classe e determinam a extensão e o alcance de uma época, é evidente que o fazem em toda a sua amplitude, pelo que, entre outras coisas, dominam também como pensadores, como produtores de ideias, e regulam a produção e a distribuição das ideias da sua época: assim, as suas ideias são as ideias dominantes da época. *(A Ideologia Alema,* 64-5).

Os textos acima mencionados aplicam direta ou indiretamente o modelo da base e da superestrutura à indústria dos media, que, como nenhum outro sector industrial, contribui para a produção da superestrutura. No entanto, aplicam este modelo de várias formas e existe um desacordo considerável em relação ao que alguns consideram ser um modelo determinista com uma perspetiva linear, não dialética e reducionista.

Durham e Kellner (2006, 197) observam que "o enfoque da economia política da comunicação baseada nos Estados Unidos tende a enfatizar o lado económico da equação, com enfoque na propriedade, corporativização e consumo, enquanto na Grã-Bretanha tem havido um destaque para a dimensão política, com ênfase na radiodifusão do sector público, na importância da comunicação apoiada e regulada pelo Estado e na política da radiodifusão". Eu levaria esta observação um pouco mais longe: O trabalho realizado nos EUA sobre a economia política dos meios de comunicação social está geralmente mais de acordo com o modelo da base e da superestrutura, enquanto a investigação na Grã-Bretanha é ligeiramente mais crítica de um reducionismo material ou económico. Sugeriria também que estas diferentes posições estão relacionadas com o panorama dos meios de comunicação social em ambos os países: um panorama de meios de comunicação social de mercado livre nos EUA e a Grã-Bretanha que ainda depende de uma forte representação do sector público de radiodifusão. Não é por acaso que o modelo de propaganda (Herman/Chomsky 1988) foi desenvolvido nos EUA. Também não é surpreendente que seja um estudo americano (Nichols/McChesney 2005, ix) que diagnostica um fracasso completo e sistemático do jornalismo crítico na reportagem da guerra do Iraque e afirma que os media americanos provocam uma "destruição da democracia"; que "um sistema de media altamente concentrado e orientado para o lucro... torna racional a eliminação do jornalismo e irracional o fornecimento do conteúdo que uma sociedade livre tão desesperadamente exige". Não foi possível encontrar afirmações semelhantes na investigação britânica, com a sua posição bastante crítica em relação ao modelo da base e da superestrutura. Curran (1990, 157-8), por exemplo, observa que "ocorreu uma mudança radical no campo", que tem sobretudo a ver com o "repúdio dos quadros explicativos totalizantes do marxismo".

Até agora, referi-me apenas aos textos que não fazem qualquer referência à teoria marxista ou que fazem apenas algumas referências que, nesse caso, funcionam normalmente como sinais. No entanto, há textos que se ocupam de Marx e, em particular, do seu modelo de base e superestrutura de uma forma mais profunda. Mosco (1996), que fornece talvez a análise mais pormenorizada da literatura neste domínio, começa os seus livros com uma introdução à economia política marxista. Murdock (1982) centra-se em particular no modelo de base e superestrutura e compara-o com uma perspetiva mais orientada para a praxis. Williams (1958, 265-284) debruça-se em grande pormenor sobre este modelo e argumenta que é mais complexo do que habitualmente se reconhece (por exemplo, que esta relação é recíproca e não uma via de sentido único). A questão básica, como tem sido normalmente colocada, é se o elemento económico é de facto determinante. Acompanhei as controvérsias a este respeito, mas parece-me que se trata, em última análise, de uma questão sem resposta". (280). Tal como Williams, Nicholas Gamham (1990) também rebate as acusações de reducionismo económico. Insiste em que o modelo de Marx oferece uma base adequada para a compreensão da economia política dos meios de comunicação social. Afasta-se de uma visão determinista da relação entre base e superestrutura para um modelo que está mais ancorado na reciprocidade e numa relação dialética.

Para concluir: Salvo raras excepções - sobretudo Dallas Smythe, que será discutido mais adiante - a economia política dos *meios de comunicação social* incorpora a teoria marxista de uma forma bastante limitada. Este campo académico refere-se predominantemente ao conceito de base e superestrutura de Marx (direta ou indiretamente) para fazer afirmações sobre a relação entre a propriedade dos meios de produção (e a concentração da propriedade, conglomerados de media, etc.) e questões

de conteúdo, ideologia, manipulação, poder e democracia dos media.
Para evitar quaisquer mal-entendidos: Isto não pretende ser uma crítica aos economistas políticos dos meios de comunicação social. Não vejo esta apropriação limitada dos conceitos marxistas como um fracasso deste campo académico. O meu objetivo é muito diferente. Quero argumentar que esta apropriação limitada fazia todo o sentido na era dos meios de comunicação de massas. Tem uma lógica que está muito ligada às tecnologias dos meios de comunicação de massas. Isto será discutido em mais pormenor na secção seguinte. Deve também notar-se, muito em linha com o meu argumento, que na última década, que marca a transição dos meios de comunicação de massas para os meios de comunicação distribuídos, Marx foi redescoberto pelos economistas políticos. Mais ainda, tem sido redescoberto de formas que não são meros ensaios do debate sobre a base e a superestrutura.[8]

Tecnologias digitais

Qual é a lógica subjacente a esta apropriação bastante restrita da teoria marxista? Poder-se-ia apontar - referindo-nos novamente ao argumento da base e da superestrutura - que Marx estava obviamente mais interessado na primeira e que, por isso, negligenciou uma análise da segunda; que Marx não tinha muito a dizer sobre os media e a comunicação. Sem dúvida que este é um argumento persuasivo. No entanto, isso não explica por que razão, na era dos meios de comunicação digitais, segundo a minha afirmação, os conceitos marxistas podem e devem ser aplicados num sentido muito mais lato pelos economistas políticos da comunicação.
Provavelmente, estaremos mais perto de uma resposta se nos debruçarmos sobre as *tecnologias dos media*. Na era dos meios de comunicação de massas, estas tecnologias - os meios de produção - eram dispendiosas. A maioria das pessoas não tinha meios para possuir todos os activos necessários para a imprensa escrita ou para a radiodifusão. Consequentemente, havia apenas um número limitado de organizações mediáticas que produziam e divulgavam conteúdos mediáticos a um grande número de consumidores/destinatários. Assim, *os meios de comunicação de massas* caracterizam-se por um pequeno número de produtores de conteúdos e uma grande audiência. Para as sociedades que se consideram democracias liberais, este é um ponto de partida bastante problemático. De facto, nenhuma outra questão relativa aos meios de comunicação social é tão problemática como a propriedade dos meios de produção e

8 Talvez a primeira apropriação completa dos conceitos de Marx para os media *distribuídos* tenha sido produzida por Nick Dyer-Witheford 1999. Ele analisa o modo como a era da informação, "longe de transcender o conflito histórico entre o capital e os seus sujeitos trabalhadores, constitui o mais recente campo de batalha no seu encontro" (p2). Desde então, surgiram outros livros com uma abordagem marxista explícita para teorizar a Internet, por exemplo, Wayne 2003; Huws e Leys 2003; Stallabrass 2003; Wark 2004; Terranova 2004; Artz, Macek e Cloud 2006; Jhally 2006; Fuchs 2008; Mosco, McKercher e Huws 2010; Kleiner2010; Fuchs 2011, e Fuchs et al (eds) 2011.

os processos de concentração dos meios de comunicação social, a propriedade das tecnologias e das organizações dos meios de comunicação social nas mãos de um número cada vez menor de "magnatas dos meios de comunicação social". A limitada apropriação da teoria marxista na era dos meios de comunicação de massas resulta de uma *realidade histórica* muito específica, de preocupações historicamente únicas que foram geradas pelas *tecnologias dos meios de comunicação de massas.*

As tecnologias digitais criaram uma paisagem mediática fundamentalmente diferente, em que os meios de comunicação de massas já não são o único espetáculo na cidade. Foram substituídos pelos *meios de comunicação social distribuídos* e, cada vez mais, parecem estar a ser substituídos por este novo miúdo do bairro. Os media distribuídos funcionam com uma lógica de organização muito diferente. Enquanto os meios de comunicação social de massas são hierárquicos, lineares, com um centro de controlo e um fluxo unidirecional de conteúdos mediáticos de poucos produtores para muitos destinatários, os meios de comunicação social distribuídos estão ligados em rede, não lineares, com fluxos multidireccionais e recíprocos de conteúdos mediáticos de muitos produtores para muitos consumidores.

Os termos "meios de comunicação *distribuídos*" e "meios de comunicação *digitais*" são semelhantes, mas não idênticos. Utilizo o termo "*meios de comunicação distribuídos"* para colocar a tónica na *organização social* dos meios de comunicação (embora este termo também se refira às tecnologias da Internet), enquanto o termo "*meios de comunicação digitais"* é utilizado para se referir *apenas* à *tecnologia.* No entanto, é importante sublinhar que o social nunca pode ser totalmente separado do tecnológico. Todos os media são simultaneamente tecnológicos e sociais. As estruturas tecnológicas e as relações entre os seres humanos estão interligadas e são mutuamente constitutivas.

A lógica dos meios de comunicação distribuídos é profundamente moldada pelas qualidades e capacidades das tecnologias digitais, que são superiores às tecnologias dos meios de comunicação de massas (por exemplo, a imprensa), na medida em que são muito mais baratas e muito mais eficientes de várias formas: (1) Podem re-mediar formas de media mais antigas, como o texto, o som, a imagem e as imagens em movimento, como código digital; (2) podem integrar a comunicação e a informação, ou os meios de comunicação (a carta, o telefone) com os meios de comunicação de massas (rádio, televisão, jornal); (3) os objectos digitais podem ser reproduzidos infinitamente a custos mínimos; (4) não têm qualquer peso, pelo que podem ser distribuídos à velocidade da luz.

Estas qualidades fenomenológicas das tecnologias digitais, que se baseiam em grande parte numa distinção entre bits e átomos, quero argumentar que têm profundas implicações para o social. Em primeiro lugar, o número de produtores de media aumenta dramaticamente na era digital. Agora, todas as pessoas com acesso a um telemóvel ou a um computador portátil e acesso a uma rede são potenciais produtores de conteúdos mediáticos. Em segundo lugar, as tecnologias digitais permitem novas formas sociais de produção e distribuição de conteúdos mediáticos, por exemplo, a "partilha" em grande escala de conteúdos mediáticos[9] e formas de colaboração e produção interpares em grande escala, como o código-fonte aberto. Em terceiro lugar, à medida que o número de produtores de media aumenta, os próprios media estão a tornar-se omnipresentes, na medida em que todos os aspectos do mundo social e das nossas vidas se tornam mediados, desde o global e público até aos aspectos mais íntimos da nossa existência (Livingstone 2009). Em quarto lugar, e talvez o mais importante, as tecnologias digitais não são apenas tecnologias dos media. Estão incorporadas em todos os processos produtivos (Castells 1996). Atualmente, a economia digital já não é apenas a economia das TIC, é simplesmente a economia, ponto final. Como consequência deste processo, o digital não se refere apenas ao domínio dos media, mas a novas formas de produção baseadas nas TIC e, possivelmente (dependendo do sucesso das lutas futuras), a um novo modo de produção, a uma "produção de pares baseada nos bens comuns" (Benkler 2006). Por esta razão, uma economia política dos media digitais é, de facto, uma economia política das coisas digitais. É esta abertura dos media, de poucos profissionais a muitos amadores, do Estado e dos mercados a não-mercados, e o esbatimento das fronteiras entre as indústrias dos media e outros sectores industriais, que sugerem a possibilidade de um maior envolvimento com a teoria marxista. Na era digital, de facto, todos os aspectos da economia política de Marx se tornam relevantes para a teoria crítica dos media.

Um comentário rápido sobre o *determinismo tecnológico*. Esta análise fenomenológica das coisas digitais e das suas implicações não é, na minha opinião, um exemplo de determinismo tecnológico. Não quero sugerir que todo o poder explicativo reside nas tecnologias e que as pessoas são meros espectadores que reagem a elas. No entanto, também não simpatizo muito com os argumentos do extremo oposto que colocam todos os aspectos da agência nas pessoas. O determinismo social é tão perigoso como o determinismo tecnológico. O meu argumento, que está em linha com o pensamento de Marx, é que as tecnologias abrem novas possibilidades de produção social e de organização social. Não determinam de forma alguma o futuro do capitalismo, que, evidentemente, será moldado apenas pelas lutas dos oprimidos.

É talvez devido a uma aversão bastante forte ao determinismo tecnológico no domínio da economia política dos meios de comunicação social que os comentadores têm sido bastante lentos a reconhecer a profunda diferença entre os meios de comunicação social e os meios distribuídos. Têm sido utilizadas diferentes respostas e estratégias para

9 Para uma análise crítica da partilha na era digital, ver Wittel 2011.

demonstrar que o novo - ou seja, a chamada revolução digital - é altamente sobrevalorizado. O primeiro tipo de resposta (por exemplo, Murdock 2004) rejeita qualquer reavaliação e argumenta que a era digital não é significativamente diferente da era dos meios de comunicação de massas e que as continuidades históricas são mais importantes do que as diferenças. Em vez de se apaixonarem pelas "possibilidades digitais", os economistas políticos deveriam estudar as "realidades do mercado". A sociedade da informação não existe de facto, é apenas "presumida". (Murdock/Golding 2001). O segundo tipo de resposta, a abordagem de "sentar-se em cima do muro" (por exemplo, Curran/Seaton 2003, 235-293), é mais cautelosa. Consiste numa hesitação em tomar posição e fazer afirmações sobre as mudanças no que respeita às tecnologias digitais. Um terceiro tipo de resposta (por exemplo, Mosco 2004) consiste na desconstrução deste discurso, em particular das afirmações feitas pelos intemet-fílicos. De facto, seria ingénuo ignorar as continuidades. No entanto, é igualmente perigosa a posição que defende a manutenção do status quo. Vamos explicar isto com um exemplo. A questão da propriedade dos meios de produção, que dominou largamente o discurso da economia política dos meios de comunicação social, não perderá qualquer relevância na era dos meios de comunicação social distribuídos. Pelo contrário, tornar-se-á um tópico ainda mais importante, uma vez que estão a surgir novas preocupações. No entanto, esta questão tem de ser reconceptualizada de duas formas significativas. *Em primeiro lugar.* Na era dos meios de comunicação de massas, a questão da propriedade dos meios de produção só era relevante no que respeita ao conteúdo dos media. Na era dos meios de comunicação social distribuídos, a questão da propriedade dos meios de produção é relevante no que respeita ao conteúdo dos meios de comunicação social, mas também no que respeita à conetividade. Já não se trata apenas de ideologia e da manipulação de mensagens (base e superestrutura), mas também da propriedade de infra-estruturas, de redes e plataformas que permitem aos utilizadores socializar, comunicar e colaborar. Não se trata apenas de significado e representação, trata-se do controlo das interações em linha das pessoas, trata-se, em última análise, de privilegiar certas formas de socialidade e subjetividade. A *segunda* razão para uma reconceptualização reside na noção de "meios de produção". Na era dos media distribuídos, os meios de produção tornaram-se mais democráticos. Os utilizadores com acesso a um computador e à Internet (que são mais de mil milhões de pessoas) e com alguns conhecimentos básicos de informática têm os meios necessários para produzir conteúdos mediáticos. O que não têm, porém, são os *meios de distribuição* e os *meios de armazenamento em linha* dos conteúdos mediáticos. Os meios de distribuição e os meios de armazenamento estão nas mãos de poucos conglomerados de media. Estes controlam os fluxos de informação. Pertencem ao que Wark (2004) descreve como a classe vetorial. A classe vetorial está a conduzir o mundo à beira do desastre, mas também abre ao mundo os recursos para ultrapassar as suas próprias tendências destrutivas. (025) A análise desta luta de classes entre o capital e os sujeitos trabalhadores em torno do futuro enquadramento da Internet é também um dos principais objectivos de Dyer-Witheford (1999). Para resumir este parágrafo: No que respeita aos meios de produção, podemos observar importantes continuidades históricas, mas também algumas mudanças notáveis.

Dmytri Kleiner (2010, 7) começa o seu livro com um estrondo:

> O que é possível na era da informação está em conflito direto com o que é permitido [...] As relações não-hierárquicas possibilitadas por uma rede de pares como a Internet são contraditórias com a necessidade de enclausuramento e controlo do capitalismo. É uma batalha até à morte; ou a Internet, tal como a conhecemos, tem de desaparecer, ou o capitalismo, tal como o conhecemos, tem de desaparecer.

É claro que esta é uma visão ligeiramente exagerada. Não é só a guerra que está a acontecer, também podemos ver o desenvolvimento de novas formas de cooperação e de novos modelos e acordos entre ambas as partes. Ainda assim, gosto muito desta citação, pois é um esboço preciso e condensado da responsabilidade da economia política na era dos media digitais e das redes distribuídas. Há uma tecnologia que abre novas forças produtivas, há um sistema político-económico com relações de produção estabelecidas. Há uma luta entre aqueles que querem conservar as relações de produção existentes e aqueles que tentam superá-las. E há uma indicação de como criar um mundo melhor. Poderá a Internet, na sua forma mais descontrolada, ensinar-nos a pensar na sociedade em geral?

Já estamos a meio da economia política de Marx. Nas partes seguintes, pretendo discutir como alguns conceitos centrais da sua economia política se tornam relevantes para uma análise dos media na era digital. Centrar-me-ei em quatro termos centrais: *trabalho, valor, propriedade e luta.* Entre estes quatro conceitos, a noção de trabalho será explorada em mais pormenor.

Trabalho

Durante todo o século passado, o trabalho foi analisado no hemisfério ocidental apenas como trabalho assalariado. Para além dos escritos de um número muito reduzido de teóricos marxistas, como André Gorz (1999), as alternativas ao trabalho assalariado quase não entraram no discurso público. Era comum a perceção de que não havia alternativa ao trabalho assalariado. Obviamente, esta orientação teórica era o reflexo de uma realidade económica caracterizada, em grande medida, pelo trabalho assalariado como forma dominante de produção. Foi assim que se organizou a produção dos media na era dos meios de comunicação de massas. Independentemente de as instituições de comunicação social serem instituições públicas ou empresas privadas, estas instituições tinham empregados que recebiam um salário em troca do seu trabalho.

O ecossistema mediático contemporâneo é profundamente diferente. Atualmente, os conteúdos dos media não são apenas produzidos por empregados que trabalham em e para empresas, são também criados pelo trabalho gratuito daqueles que se dedicam à produção pelos pares (a difusão de conteúdos) e à "produção pelos pares baseada nos bens comuns", um termo cunhado por Yochai Benkler (2002) para descrever um novo modelo de produção socioeconómica, em que um grande número de pessoas trabalha para objectivos comuns sem compensação financeira para os contribuintes. Atualmente, os conteúdos dos meios de comunicação social não são produzidos apenas para mercados e audiências pagantes, existindo também uma dimensão não mercantil bastante significativa na produção dos meios de comunicação social. Esta é uma situação nova. De facto, os meios de comunicação social e as indústrias criativas são, neste momento, o único sector industrial que se confronta com a concorrência do trabalho livre e da produção não mercantil.

A emergência da produção não mercantil começou nos anos 80 com o movimento open-source, mas acelerou a uma escala espantosa durante a última década com a Web social. A produção de software e de código pelos pares estendeu-se ao texto, ao som, às imagens e às imagens em movimento. Estes bens comuns digitais são bens comuns de software, bens comuns de notícias, bens comuns de informação, bens comuns de conhecimento, bens comuns de educação, bens comuns de arte e bens comuns culturais.

É inegável que o turbilhão digital causou estragos nas indústrias criativas. O jornalismo está em declínio e luta para encontrar novos modelos de negócio. O título de uma coletânea de ensaios sobre o colapso do jornalismo nos Estados Unidos - "Will the last reporter please turn out the lights" (McChesney/Pickard 2011) - é uma indicação da gravidade desta evolução. As indústrias da música, do cinema e da edição são também duramente atingidas e estão a voltar-se cada vez mais para a aplicação legal da violação dos direitos de autor e para o lobbying político para uma regulamentação mais rigorosa da Internet (por exemplo, ACTA, SOPA, PIPA).

No entanto, muitas das implicações deste novo ecossistema mediático não são de todo claras. Será que esta coexistência de trabalho empresarial e de trabalho livre nos bens comuns digitais se manterá exclusivamente nas indústrias dos meios de comunicação social e nas indústrias criativas ou estender-se-á também a outros sectores industriais? Quais são as relações entre os media e as indústrias criativas e os bens comuns digitais? Estaremos no meio de uma "guerra civil imaterial" (Pasquinelli 2007)? Ou será que essa perspetiva é demasiado unidimensional, uma vez que também podemos ver uma série de colaborações entre ambas as partes, por exemplo, o financiamento empresarial da produção de software de fonte aberta? Quais são as implicações a longo prazo desta situação para o mercado de trabalho nas indústrias dos media? É provável que a racionalização da produção mediática e cultural devido às tecnologias digitais conduza a uma contração do mercado. Mas, se isso acontecer, qual será a dimensão dessa contração? Finalmente, o que é que isto significa para a taxa de produtividade nas indústrias dos media? Será que o capital lucra com a exploração do trabalho livre ou será que a concorrência do novo miúdo do bairro levará a um declínio da produtividade no sector?

Para compreendermos melhor esta nova ecologia dos media, temos de nos concentrar no conceito de trabalho livre. A primeira coisa a notar é que, embora este termo tenha sido recentemente empregue pelos teóricos marxistas, o próprio Marx não utiliza o termo trabalho livre. [thth]Marx, em parte na tradição da economia política clássica dos séculos XVIII e XIX, e em parte desenvolvendo uma crítica a essa tradição, distingue entre trabalho produtivo e improdutivo. Estes termos não são neutros, dependem das posições de classe e dependem de tipos específicos de sociedade (feudal, capitalista, etc.) e das suas relações de produção específicas. No capitalismo, o trabalho produtivo é o trabalho que é produtivo para o capital. Produz mercadorias, valor de troca e lucro (mais-valia). O trabalho improdutivo não produz mais-valia.

Para dar um exemplo: Uma pessoa empregada numa casa particular para executar tarefas como cozinhar e limpar não produz uma mercadoria. Embora a sua força de trabalho seja vendida como uma mercadoria, o produto dessa força de trabalho não o é. Por conseguinte, trata-se de trabalho improdutivo. Trata-se, portanto, de trabalho improdutivo. No entanto, um cozinheiro que trabalhe como empregado num restaurante produz mercadorias, produz refeições que são vendidas aos clientes. Trata-se, portanto, de trabalho produtivo. Assim, o trabalho produtivo e improdutivo não se distinguem em função do que as pessoas fazem (em ambos os casos cozinham), mas em função da sua relação com o capital e a forma mercadoria. Aplicando a este conceito o trabalho gratuito dos plebeus digitais, é óbvio que, segundo Marx, o trabalho gratuito é improdutivo. Não é de surpreender que este conceito tenha sido alvo de muitas críticas por parte das feministas marxistas nos anos 80, que argumentavam que o trabalho doméstico, normalmente realizado por mulheres, criaria de facto mais-valia, uma vez que esta disposição permite reduzir ainda mais os salários daqueles que não realizam trabalho doméstico. Na minha opinião, este é um argumento forte. Mais ainda, coloca um verdadeiro desafio à teoria da mais-valia de Marx.

Também relevante para o conceito de trabalho livre é a distinção de Marx entre trabalho e processo de trabalho. Comecemos pelo trabalho:

> O trabalho é, em primeiro lugar, um processo no qual participam tanto o homem como a Natureza, e no qual o homem, por sua própria iniciativa, inicia, regula e controla as reacções materiais entre ele e a Natureza. Ele opõe-se à Natureza como uma das suas próprias forças, pondo em movimento braços e pernas, cabeça e mãos, as forças naturais do seu corpo, de modo a apropriar-se das

> produções da Natureza numa forma adaptada às suas próprias necessidades. Agindo assim sobre o mundo exterior e modificando-o, ele modifica ao mesmo tempo a sua própria natureza. *(O Capital Vol. 1,* 177).

O trabalho não é apenas uma atividade económica, mas uma atividade humana. É uma categoria universal da existência humana e é independente de quaisquer formas económicas ou sociais específicas. O trabalho é o que nos mantém vivos e o que nos faz desenvolver. Trata-se de um conceito bastante amplo. O trabalho pode ser equiparado à ação ou à praxis. O trabalho é o que fazemos.

Em contraste com o trabalho, o seu conceito de processo de trabalho refere-se a modos de produção históricos específicos e a sociedades e economias históricas específicas. Com esta abordagem histórica, pretende demonstrar que o processo de trabalho, a organização específica do trabalho, não é inevitável. Os processos de trabalho existentes podem sempre ser ultrapassados. Marx está particularmente interessado na diferença entre um processo de trabalho feudal e um processo de trabalho capitalista. No capitalismo, o processo de trabalho baseia-se no trabalho assalariado, no facto de o trabalhador vender a sua força de trabalho como uma mercadoria ao capitalista. Comparando o processo de trabalho feudal com o processo de trabalho capitalista, Marx destaca dois aspectos:

> Em primeiro lugar, o operário trabalha sob o controlo do capitalista a quem pertence o seu trabalho; o capitalista tem o cuidado de assegurar que o trabalho seja feito de forma adequada e que os meios de produção sejam utilizados com inteligência, de modo a que não haja desperdício desnecessário de matéria-prima, nem desgaste dos utensílios para além do que é necessariamente causado pelo trabalho. Em segundo lugar, o produto é propriedade do capitalista e não do trabalhador, seu produtor imediato. Suponhamos que um capitalista paga a força de trabalho de um dia pelo seu valor; então o direito de usar essa força durante um dia pertence-lhe, tanto quanto o direito de usar qualquer outra mercadoria, como um cavalo que alugou para o dia [...] O processo de trabalho é um processo entre coisas que o capitalista comprou, coisas que se tornaram sua propriedade. (*Capital Vol. 1,* 184-85)

Aqui Marx identificou duas formas de alienação que não existiam no feudalismo ou em qualquer outro modo de produção antes do capitalismo. A primeira forma de alienação refere-se ao produto do próprio trabalho do trabalhador e à incapacidade de utilizar o produto desse trabalho para a sua subsistência. A segunda forma de alienação refere-se à incapacidade de organizar o processo de trabalho, que está exclusivamente nas mãos do capitalista que detém os meios de produção. Voltemos a aplicar o conceito de trabalho livre à distinção de Marx entre trabalho e processo de trabalho. Assim, o trabalho livre é sempre trabalho no sentido geral do conceito de Marx. No entanto, o termo não se refere a um processo de trabalho histórico específico. Num quadro estritamente marxista, o conceito de trabalho livre só faria sentido se se tornasse o modo de produção dominante e substituísse o trabalho assalariado, da mesma forma que o trabalho assalariado substituiu o trabalho dos servos feudais e dos escravos pré-feudais. Voltaremos a esta questão com mais pormenor.

O debate sobre o trabalho livre é sobretudo iniciado por marxistas autonomistas próximos da escola italiana do operaísmo. Está ligado aos escritos de Maurizio Lazzarato e de Michael Hart e Antonio Negri sobre o trabalho imaterial, que se situa na viragem para um modo de produção pós-fordista e nos processos que lhe estão associados, tais como as transformações na organização do trabalho (a organização do processo de trabalho), a produção de subjetividade e de relações sociais nos ambientes de trabalho e o capitalismo biopolítico, em que o capital acaba por capturar a vida. Isto significa que o trabalho imaterial, que é simultaneamente trabalho intelectual e trabalho afetivo, envolve uma série de actividades que não seriam consideradas trabalho em ambientes de trabalho fordistas.

> Não se trata apenas do facto de o trabalho intelectual ter ficado sujeito às normas da produção capitalista. O que aconteceu foi o surgimento de uma nova "intelectualidade de massa", criada a partir da combinação das exigências da produção capitalista e das formas de "auto-valorização" que a luta contra o trabalho produziu. (Lazzarato 1998)

O conceito de trabalho imaterial é inspirado em algumas páginas dos *Grundrisse,* onde Marx escreve sobre a criação de riqueza e a produção de valor que é cada vez mais independente do trabalho.

> (A criação de riqueza passa a depender menos do tempo de trabalho e da quantidade de trabalho empregue [...] mas depende mais do estado geral da ciência e do progresso da tecnologia [...] O trabalho já não aparece tanto incluído no processo de produção; em vez disso, o ser humano passa a relacionar-se mais como vigilante e regulador do próprio processo de produção [...] Ele passa para o lado do processo de produção em vez de ser o seu ator principal. Nesta transformação, não é o trabalho humano direto que ele próprio executa, nem o tempo durante o qual trabalha, mas sim a apropriação do seu próprio poder produtivo geral, a sua compreensão da natureza e o seu domínio sobre ela em virtude da sua presença como corpo social - é, numa palavra, o desenvolvimento do indivíduo social que aparece como a grande pedra angular da produção e da riqueza. (704-5).

Como salientou Gorz (2010: 2), a linguagem de Marx é um pouco instável e oscila entre uma série de termos. O que substitui o trabalho é, de forma variável, "o intelecto geral, "o estado geral da ciência e da tecnologia", "o conhecimento social geral", "o indivíduo social" e os "poderes gerais da cabeça humana" (704-6). No entanto, a afirmação central feita por Marx é muito clara: Numa dada fase do desenvolvimento do capitalismo, o conhecimento, a tecnologia e o intelecto em geral tornam-se, em primeiro lugar, de alguma forma dissociados do trabalho e, em segundo lugar, substituem o trabalho como fonte de criação de valor. Não é difícil perceber por que razão estas páginas dos *Grundrisse* se tornam tão cruciais para o conceito de trabalho imaterial. No entanto, estas observações dos *Grundrisse* não se coadunam com o Marx do *primeiro volume de O Capital,* que desenvolve a teoria laboral do valor e insiste categoricamente que o trabalho é a única fonte de criação de valor de troca.

Tiziana Terranova (2004) é talvez a primeira teórica que se debruçou a fundo sobre o conceito de trabalho gratuito. Num ensaio publicado pela primeira vez em 2000, antes da chegada da Web social, antes da Wikipédia e das plataformas dos meios de comunicação social, conceitua o trabalho gratuito como a "atividade excessiva que faz da Internet um meio próspero e hiperativo" (73). Isto inclui "a atividade de construir sítios Web, modificar pacotes de software, ler e participar em listas de discussão e construir espaços virtuais" (74). Em consonância com o discurso do operaísmo sobre o trabalho imaterial, a autora situa a emergência do trabalho livre no pós-fordismo.

> O trabalho livre é o momento em que este consumo de cultura, que é um conhecimento, se traduz em actividades produtivas em excesso, que são abraçadas com prazer e, ao mesmo tempo, frequentemente exploradas de forma vergonhosa (78).

Com esta definição, temos três caraterísticas do trabalho gratuito que são caraterísticas da maioria dos comentadores neste debate. O trabalho gratuito é, em primeiro lugar, um trabalho não remunerado. É gratuito no sentido de cerveja grátis, é dado voluntariamente. Em segundo lugar, é livre no sentido de liberdade. É mais autónomo e menos alienante do que o trabalho assalariado. Não é uma fábrica, mas um parque de diversões. Assim, pode ser desfrutado. Em terceiro lugar, é explorado pelo capital.

Esta dialética entre autonomia e exploração reflecte-se na maioria dos relatos sobre o trabalho livre, embora com diferentes interpretações desta tensão. Terranova tem o cuidado de evitar juízos fortes e fala de uma "relação complexa com o trabalho" (73). Mark Andrej evic explorou a noção de trabalho gratuito numa série de estudos sobre reality TV (Andrejevic 2008), YouTube (Andrejevic 2009) e Facebook (Andrejevic 2011). Todos estes são espaços mercantilizados e o argumento central em cada um destes casos é uma crítica aos relatos no âmbito dos estudos dos media que celebram a participação e os conteúdos gerados pelos utilizadores como uma indicação de um processo de democratização e de capacitação dos utilizadores. Em vez disso, argumenta que o trabalho gratuito investido nestes espaços mercantilizados está a ser explorado pelo capital. Nos seus estudos, as potencialidades libertadoras, capacitadoras e emancipatórias são claramente ofuscadas pelas dimensões negativas das comunidades monetizadas. Matteo Pasquinelli (2008) vai um pouco mais longe e aborda de forma crítica o trabalho livre e os bens comuns. É evidente que os bens comuns não são capturados ou encerrados pelo capital, caso contrário deixariam de ser bens comuns. Os vários bens comuns digitais não são espaços mercantilizados. Ainda assim, Pasquinelli não vê nenhum aspeto positivo nos bens comuns digitais. São espaços maus e obscuros, porque são explorados pelo capital. Trata-se de uma relação profundamente assimétrica. Utilizando a figura concetual do parasita de Michel Serres e as ideias de George Bataille sobre o excesso, Pasquinelli escreve sobre o "bestiário dos bens comuns", onde o capital se comporta como vampiro e suga todo o sangue das energias excedentes dos trabalhadores livres que parecem ser demasiado ingénuos para compreender o que se passa.

Já referi anteriormente que Dallas Smythe, um dos pais fundadores da economia política canadiana dos meios de comunicação social, é um dos poucos teóricos neste domínio que não se limita a utilizar o conceito de base e superestrutura, mas sim outros aspectos da obra de Marx. De facto, ele utiliza o conceito de força de trabalho de Marx. Smythe (1977) defende que as audiências dos media são uma mercadoria. São transformadas em mercadoria pelos produtores dos media. A atividade de ver televisão liga as audiências dos meios de comunicação aos anunciantes. Assim, as audiências dos media realizam trabalho. Embora Smythe não tenha utilizado o termo trabalho gratuito, pode ser considerado o pai fundador do debate sobre o trabalho gratuito. Tal como Andrejevic, Smythe estuda as audiências dos media em ambientes mercantilizados. Para Smythe, trata-se de uma tragédia com três actores: os dois maus da fita são os produtores de media e os publicitários, a vítima são as audiências. Os produtores dos media constroem as audiências. Também vendem tempo aos anunciantes. Por conseguinte, fornecem audiências aos anunciantes. O seu argumento sobre a razão pela qual as audiências realizam trabalho é desenvolvido da seguinte forma: No capitalismo moderno não há tempo que não seja tempo de trabalho. O capitalismo faz "pouco do tempo livre e do lazer" (47). O autor explica como esta observação se relaciona com a teoria da força de trabalho de Marx (a força de trabalho refere-se à capacidade de trabalhar).

> No capitalismo, a força de trabalho torna-se um bem pessoal. Parece que se pode fazer o que se quiser com ela. Se trabalhares num emprego onde és pago, vendes a tua força de trabalho. Fora do emprego, parece que o seu trabalho é algo que não se vende. Mas há um mal-entendido comum neste ponto. No emprego, não é pago por todo o tempo de trabalho que vende (caso contrário, os juros, os lucros e os salários da direção não poderiam ser pagos). E fora do emprego o seu tempo de trabalho é vendido (através do produto público), embora não o venda. O que é produzido no emprego onde és pago são mercadorias... O que é produzido por ti fora do emprego é a tua força de trabalho para amanhã e para a próxima geração: capacidade de trabalhar e de viver. (48)

Trata-se, sem dúvida, de um argumento inovador e Smythe merece muito crédito por aquilo que, na década de 1970, era uma abordagem bastante invulgar das audiências dos media. No entanto, por duas razões, o seu argumento é bastante problemático. Em primeiro lugar, é totalizante, uma vez que todo o tempo na vida dos seres humanos é trabalho para um sistema capitalista, por vezes pago ("no trabalho") e por vezes não pago ("fora do trabalho"). Isto significa que todo o tempo reprodutivo é tempo gasto no trabalho ("24 horas por dia"). Esta é uma reivindicação muito maior do que a reivindicação do trabalho do público. Para Smythe, todas as actividades da nossa vida se tornam trabalho para o sistema capitalista. É a alienação máxima e não há saída. O segundo problema desta perspetiva é o facto de se basear numa interpretação errada do conceito de trabalho de Marx. A distinção que Marx faz entre trabalho concreto e trabalho abstrato, entre trabalho produtivo e força de trabalho (a capacidade de trabalhar) refere-se apenas ao trabalho assalariado. Não faz muito sentido utilizar o conceito de força de trabalho para as actividades reprodutivas. O conceito de força de trabalho só faz sentido num contexto em que a força de trabalho pode ser vendida pelo trabalhador. É precisamente isso que distingue o capitalismo de outros sistemas económicos, como a escravatura ou o feudalismo. A tentativa de Smythe de contornar este problema declarando que "fora do trabalho, o seu tempo de trabalho é vendido... embora não o venda" é, a meu ver, uma "interpretação" da análise marxista que vai efetivamente contra as ideias fundamentais da teoria da força de trabalho de Marx.

David Hesmondhalgh (2010) desenvolveu recentemente uma crítica ao conceito de trabalho livre. O autor chama a atenção para dois aspectos. Em primeiro lugar, questiona de forma crítica "a frequente associação do termo ao conceito de exploração", que considera "pouco convincente e bastante incoerente" (276). Por vezes, a exploração remete para a alienação, outras vezes para a ideologia e a manipulação e, noutros casos, para o facto de o trabalho livre ser capturado e utilizado pelo capital. No entanto, nenhuma destas coisas seria de facto uma exploração. Concordo plenamente com esta análise e acrescentaria apenas que, segundo o Marx do *Capital vol. 1,* a exploração do trabalho livre é impossível. A exploração refere-se à mais-valia que os capitalistas obtêm do trabalho assalariado. A mais-valia é o valor criado pelos trabalhadores para além do seu próprio custo de trabalho. É a base do lucro e da acumulação de capital. Para Marx, do *Capital vol. 1,* a ideia de que a mais-valia pode ser criada fora da relação salarial é absurda.

Em segundo lugar, Hesmondhalgh pergunta que exigências políticas podem resultar das críticas ao trabalho gratuito. Salienta que o trabalho não remunerado sempre existiu, utilizando exemplos como o trabalho doméstico e o trabalho comunitário voluntário (treinador de futebol), e insiste na importância da definição de prioridades. Em que condições, pergunta ele, podemos objetar a esse trabalho não remunerado e com que fundamentos? Que formas de trabalho são particularmente injustas? Também argumenta que, ao longo da história, a maior parte da produção cultural não foi remunerada. Por fim, chama a atenção para o facto de aqueles que se dedicam ao trabalho digital não remunerado poderem obter outras recompensas, como a satisfação profissional e o reconhecimento pelos pares.

É de facto muito importante questionar a afirmação de que a emergência do trabalho livre está de alguma forma ligada ao pós-fordismo e salientar que o trabalho não remunerado existiu ao longo da história do capitalismo. Existiu como trabalho de subsistência (ou trabalho doméstico) e sob a forma de actividades não monetizadas, por exemplo, trabalho comunitário voluntário ou babysitting mútuo na vizinhança. No entanto, Hesmondhalgh está a confundir o trabalho de um treinador de futebol comunitário não remunerado com o trabalho dos utilizadores de plataformas de redes sociais com fins lucrativos. O primeiro trabalho não remunerado é trabalho num ambiente não comercial e, portanto, sem fins lucrativos. O segundo é trabalho num ambiente comercial que vende espaços virtuais ou imateriais a anunciantes. Esta é uma distinção importante. Curiosamente, esta é uma distinção que permanece bastante nebulosa no debate sobre o trabalho gratuito. Voltemos aos três autores que referi anteriormente. Para Terranova (2004: 74), o trabalho gratuito refere-se à "atividade de construção de sítios web, de modificação de pacotes de software, de leitura e participação em listas de discussão e de construção de espaços virtuais"; não faz qualquer distinção entre o comercial e o não comercial, entre capital e bens comuns. Andrej evic escreve apenas sobre o trabalho livre no que respeita aos espaços publicitários e à obtenção de lucros. Pasquinelli escreve apenas sobre o trabalho livre e a exploração do trabalho livre em relação aos bens comuns, em relação aos sítios digitais que não têm fins lucrativos.

Tudo isto é bastante confuso. É tão confuso como a posição contraditória de Smythe: Por um lado, afirma que a exploração acontece 24 horas por dia, que não há tempo na nossa vida que não esteja a ser explorado pelo capital, por outro lado, refere-se apenas aos momentos e espaços fora do trabalho que são espaços e momentos anunciados. Tudo isto não é apenas confuso, é altamente insatisfatório no que respeita à exploração, ao lucro e à mais-valia, em suma: no que respeita à questão do valor. É evidente que o valor pode provir de ambos, do trabalho não pago e do trabalho pago. O que não é claro, porém, é a origem do valor de troca e, portanto, da mais-valia. Até Marx está a enviar mensagens diferentes. Em *O Capital, vol. 1,* a mais-valia só pode derivar do trabalho assalariado, enquanto nos *Grundrisse* Marx sugere que a tecnologia e o intelecto geral também podem ser explorados pelo capital. Também eu tenho dificuldade em encontrar uma posição clara sobre a forma como a mais-valia está a ser gerada. No próximo subcapítulo sobre o valor, argumentarei que o que é valioso e porque é que certas coisas são valiosas é sempre uma categoria subjectiva. Por conseguinte, é impossível decidir de onde vem realmente o valor objetivado (valor de troca, mais-valia).

Hesmondhalgh aborda também a questão das exigências políticas que podem surgir numa época em que o trabalho assalariado coexiste com o trabalho livre. Mais uma vez, este é um ponto muito importante. No entanto, eu formularia esta tarefa de uma forma diferente. Voltemos à distinção feita por Marx entre o trabalho assalariado capitalista e a sua visão geral do trabalho (ou seja, independente de modos de produção económicos históricos específicos) como um *"processo em que participam tanto o homem como a natureza",* como algo que transforma tanto o ambiente como os seres humanos, como uma atividade que não é apenas económica mas também humana. Neste sentido, o trabalho pode ser amplamente equiparado a prática ou atividade. Parece que esta é uma definição muito atual de trabalho. A definição geral de trabalho de Marx corresponde em grande medida aos pontos defendidos por Lazzarato, Hardt/Negri e outros académicos associados à escola do operaísmo. Tudo o que precisamos de fazer é trocar o termo prática por vida. No capitalismo biopolítico, o trabalho é a vida, o trabalho é o nosso pensamento, os nossos afectos, as nossas relações, as nossas subjectividades. É cada vez mais inútil distinguir o trabalho do lazer, da comunicação, da criatividade, do jogo.

O que é que isto significa em termos políticos? Na era digital, coexistem o trabalho livre e o trabalho assalariado. Isto pode ser visto como uma situação amplamente aceitável ou pode ser entendido, como eu faço, como totalmente injusto e, em última análise, intolerável. Isto abre dois caminhos para a crítica. O primeiro caminho é uma crítica do trabalho livre e a exigência política, como indica Hesmondhalgh, resultaria em apelos à integração do trabalho livre no sistema baseado no salário. No entanto, este é um caminho perigoso, pois conduziria a um mundo ainda mais mercantilizado, em que cada atividade humana passaria a ser medida em termos de valor de troca. Não se deve transformar num projeto político para tornar ainda mais forte o sistema baseado no salário e as suas insanas medidas de valor. A segunda via de crítica iria na direção oposta. Trata-se de uma crítica da própria economia do trabalho assalariado. A procura de alternativas ao trabalho assalariado ganhou recentemente um novo impulso. A exigência de um salário mínimo para todos os cidadãos é provavelmente o modelo mais proeminente que está a ser discutido e que poderia substituir o trabalho assalariado. O trabalho de André Gorz é talvez o contributo mais desenvolvido para uma conceção do trabalho "para além da sociedade salarial" (Gorz 1999). Escusado será dizer que se trata de uma abordagem radical, mesmo utópica, sem grandes esperanças de concretização. Por outro lado, estes são tempos que podem precisar de um repensar radical da forma como trabalhamos, nos relacionamos, criamos e vivemos.

Não há dúvida de que o conceito de "trabalho livre" provou ser altamente produtivo para iluminar os novos desenvolvimentos na rede social. É um dos principais desafios do capitalismo digital repensar o trabalho para as actividades humanas que se desenvolvem fora das relações baseadas no salário. No entanto, o conceito de trabalho no "trabalho livre" sofre de uma grave falta de rigor analítico. Confunde uma série de práticas bastante diferentes. Será o descarregamento de uma música comparável à conversa com os amigos numa plataforma de rede social? Serão ambas as actividades comparáveis à leitura de uma mensagem numa lista de discussão ou à produção de uma entrada na Wikipédia? Todas estas actividades são abrangidas pelo rótulo de trabalho livre, mas são certamente coisas muito diferentes. Ver uma série de televisão num canal privado é o mesmo que ver uma série num canal público de televisão que não tem anúncios? Existe alguma diferença entre o trabalho livre dos utilizadores de sítios de redes comerciais como o Twitter, o Google+ e o Facebook e os utilizadores de sítios de redes de código aberto como o Diaspora? Porque é que falamos de trabalho gratuito em relação a uma mensagem numa lista de correio eletrónico, mas não em relação a uma carta material num envelope com um selo, que enviamos a um amigo? Será que nós, ao comunicarmos ao telefone, fornecemos trabalho gratuito às empresas de telecomunicações? Afinal de contas, a única diferença entre as empresas de telecomunicações e as plataformas de redes sociais como o Facebook ou o Twitter reside num modelo de negócio ligeiramente diferente. As empresas de telecomunicações não utilizam anunciantes, pelo que têm de cobrar aos clientes pelo seu serviço, ao passo que os fornecedores de plataformas de redes sociais obtêm as suas receitas dos anunciantes e, por conseguinte, podem oferecer os seus serviços gratuitamente.

Mais problemática ainda é, porventura, a utilização do conceito de trabalho gratuito para actividades que, na realidade, não se baseiam em trabalho gratuito. Normalmente, parte-se do princípio de que o trabalho gratuito é o trabalho que não é compensado financeiramente. No entanto, as coisas são mais complicadas. Os bens comuns digitais são criados através de uma variedade de formas de trabalho no que respeita à compensação financeira. Vejamos a produção de código-fonte aberto. Há uma tendência crescente para o financiamento de projectos de código aberto por empresas. Além disso, é importante salientar que um programador de software de fonte aberta não é normalmente um lojista durante o dia que começa a produzir código no seu tempo livre. A esmagadora maioria dos programadores de software de fonte aberta são programadores empregados, trabalham para empresas de software. Muitas vezes, o código-fonte aberto é produzido de qualquer maneira, mas depois é disponibilizado à comunidade de código aberto (Weber 2004). Assim, a mão de obra que entra no desenvolvimento de software de fonte aberta é muitas vezes indiretamente paga. Um argumento semelhante poderia ser apresentado para os bens comuns do conhecimento. Uma entrada na Wikipédia sobre, digamos, "modernidade" é provavelmente escrita por um especialista neste tópico, um filósofo talvez, provavelmente por alguém que é empregado por uma universidade.

Esta é a razão pela qual algumas áreas dos bens comuns digitais se desenvolveram a uma velocidade alucinante, enquanto outras áreas permanecem largamente subdesenvolvidas. Os bens comuns de fonte aberta e os bens comuns do conhecimento estão a liderar os bens comuns digitais por uma boa razão, uma vez que aqueles que investem na sua construção obtêm frequentemente um rendimento pelo seu trabalho. Outros domínios, por exemplo, os bens comuns da educação[10] e os bens comuns das artes, contrastam fortemente com os bens comuns de fonte aberta e os bens comuns do conhecimento. Permanecem em grande parte subdesenvolvidos, uma vez que o trabalho aqui investido não é pago por outras partes. Estes bens comuns crescem, de facto, apenas com trabalho não remunerado, dependem da paixão, do amor e do entusiasmo daqueles que contribuem e investem neles sem qualquer compensação financeira.

PostScript: Uma crítica ao trabalho livre é importante. Uma crítica da crítica do trabalho livre é igualmente importante. Mas não sejamos analistas. Se o trabalho é vida e o trabalho é prática, será difícil desenvolver um conceito de trabalho livre que seja menos nebuloso do que o próprio conceito de trabalho. Isso acabaria por ser um empreendimento fútil, que canaliza energias para um projeto que está destinado ao fracasso. O verdadeiro valor do debate sobre o trabalho livre reside na articulação não de um problema concetual, mas de um problema social. Este problema social só deixará de existir quando ambos, o trabalho assalariado e o trabalho livre, voltarem a ser trabalho justo, o que só será decidido pelo resultado da luta de classes.

Valor

Para compreender o trabalho em toda a sua complexidade, temos de nos virar para o valor. Tal como o trabalho, o valor é um vasto domínio de investigação social. É um termo com muitos significados e perspectivas, um termo que desencadeou numerosos debates e é fácil distrairmo-nos e perdermos de vista o que é mais importante. Então, o que é que o valor tem de valioso para a economia política dos media? Esta é a primeira questão que precisa de ser abordada. A segunda questão remete para Marx e para o valor que o seu conceito de valor tem para oferecer para uma melhor compreensão do nosso ecossistema mediático e comunicacional contemporâneo.

O antropólogo económico David Graeber (2001) distingue três correntes de pensamento no que diz respeito ao valor. Em primeiro lugar, há os valores no sentido sociológico. Trata-se de concepções do que é, em última análise, bom, adequado ou

---

10 Escrevi noutro lugar (Wittel 2012) sobre as tentativas contemporâneas de criar, como resultado da destruição neoliberal das universidades públicas e como resposta a isso, universidades autónomas e células autónomas de ensino superior. Para esta análise, fiz uma distinção concetual entre um knowledge commons (por exemplo, sítios como a Wikipédia) e um education commons. Esta distinção tem muito a ver com trabalho e trabalho livre. Os bens comuns do conhecimento crescem com o crescimento do conhecimento. Cresce naturalmente, só tem de ser carregado na Internet. Em contraste, um património educativo comum requer trabalho extra (trabalho voluntário real) que não é apoiado financeiramente.

desejável na vida humana. Em segundo lugar, há o valor no sentido económico. É o grau em que os objectos são desejados e a forma como esse desejo é medido em termos quantitativos. Em terceiro lugar, existe o valor no sentido linguístico, que remonta à linguística estrutural de Saussure, em que o valor é visto como uma diferença significativa. Trata-se de um conceito que coloca as palavras (ou as coisas) em relação com outras coisas. O valor de algumas coisas só pode ser estabelecido em contraste ou em comparação com outras coisas.

No âmbito da economia política dos meios de comunicação social, o conceito de valor tem recebido a mesma atenção marginal que o conceito de trabalho. De facto, como o trabalho e o valor estão tão intimamente relacionados na teoria marxista, o mesmo corpo de literatura que se interessa pelo trabalho também se interessa pelo valor.[11] Só podemos especular sobre a razão pela qual as explorações sobre o valor têm sido largamente ignoradas. A minha própria explicação para esta omissão é bastante simples: De uma forma muito geral e como ponto de partida, os meios de comunicação social eram vistos como um bem público valioso, como uma força independente para salvaguardar a democracia. No entanto, devido à crescente privatização das organizações de comunicação social e aos interesses económicos dos seus proprietários, o valor dos meios de comunicação social como bem público estava sob constante ameaça. Assim, a economia política dos meios de comunicação social nunca se centra no valor potencial dos meios de comunicação social, mas no seu oposto, nos perigos que os interesses económicos e a regulação política representam para as sociedades democráticas. Esta perspetiva fazia todo o sentido. Afinal de contas, a economia política dos meios de comunicação social inscreve-se na tradição da teoria crítica. Teria sido estranho, de facto, elogiar os conglomerados e os magnatas dos meios de comunicação social pelas suas contribuições para uma esfera pública brilhante.

Se aplicarmos a tipologia de valor de Graeber à economia política dos meios de comunicação social, obtemos um resultado muito semelhante à afirmação que acabámos de fazer, mas também um pouco mais matizado. É seguro dizer que nunca houve uma preocupação com o valor no sentido económico, não houve tentativas de medir o valor dos produtos ou das organizações dos meios de comunicação social de uma forma quantitativa. Também é seguro dizer que a dimensão sociológica do valor enquanto valores não foi explorada de forma significativa. Isto teria significado um

---

11 Não é por acaso que a literatura que incorpora os conceitos de trabalho e de valor está geralmente relacionada com a publicidade. Foi a publicidade que inspirou Smythe (1977) a desenvolver o conceito de mercadoria da audiência. É sobretudo no chamado debate sobre o "ponto cego" (Murdock 1978; Smythe 1978; Livant 1979) que encontramos debates sobre o valor, desencadeados pela afirmação de Smythe (1977) de que as audiências televisivas fornecem trabalho gratuito aos anunciantes e aos produtores de media. O valor é também central no trabalho de Sut Jhally (1990), que apresenta um argumento muito semelhante ao de Smythe (1977) sobre a indústria da publicidade e sobre o trabalho das audiências dos media.

compromisso com os valores socialmente desejáveis dos media e da comunicação. Teria sido um debate sobre os aspectos utópicos dos media e da comunicação, como os media deveriam ser organizados, como deveriam funcionar, o que deveriam ser. No entanto, poder-se-ia argumentar que a economia política dos meios de comunicação social tem algo a dizer sobre o valor no sentido linguístico do estruturalismo de Saussure, sobre a diferença significativa entre formas comparáveis de produção e organização dos meios de comunicação social, nomeadamente sobre a diferença entre a organização dos meios de comunicação social de propriedade pública e privada. Sem se referir explicitamente à noção de valor, a tradição britânica da economia política dos meios de comunicação social compara efetivamente as organizações públicas de meios de comunicação social com as organizações comerciais de meios de comunicação social e o resultado desta comparação é uma avaliação positiva das organizações estatais de meios de comunicação social, como a BBC.

Qual é a relevância destas correntes de pensamento para a era dos media *distribuídos*? Até agora, não há sinais de que *o valor no sentido económico* esteja a tornar-se uma questão de debate intenso. Na verdade, a medição do valor em unidades calculáveis e quantificáveis teria sido sempre um objetivo bastante questionável para os economistas políticos dos media. Com a crescente importância do trabalho imaterial, este objetivo não seria apenas questionável - seria um projeto louco e totalmente inútil. Tornou-se cada vez mais óbvio que o valor das coisas intelectuais e afectivas não tem medida.

> O que mudou irreversivelmente, porém, desde os tempos do predomínio da teoria clássica do valor, foi a possibilidade de desenvolver a teoria do valor em termos de ordem económica, ou melhor, a possibilidade de considerar o valor como uma medida do trabalho concreto" (Negri 1999: 77-8).

Negri sugere, em vez disso, que se transforme a teoria do valor vinda de cima numa teoria do valor "vinda de baixo, da base da vida" (78). Baseando-se no trabalho de Spinoza, Negri vê o valor como o poder de agir. Poderíamos acrescentar isto à tipologia de Graeber como uma quarta forma de pensar sobre o valor: o valor é o que dá poder às pessoas para agirem.

Na era dos media distribuídos, diria eu, estão a florescer debates sobre o *valor no sentido sociológico*. Trata-se de debates sobre os bens comuns digitais, sobre trabalho livre e cultura livre, sobre abertura, contribuição e partilha, sobre atenção, sobre escassez e abundância, sobre a economia da dádiva, sobre propriedade e acesso, sobre cooperação e colaboração em oposição à concorrência, sobre discurso anónimo e ação anónima, sobre vigilância, privacidade e transparência, sobre o valor dos especialistas e amadores, sobre a Internet e a democracia, sobre pessoas e tecnologia, sobre meios de comunicação e ação política, sobre capitalismo e estratégias de saída. São tentativas de fazer juízos de valor sobre o que é bom e desejável.

Espero que o meu argumento seja aceite: Na era dos *meios de comunicação de massas*, o valor dos meios de comunicação para salvaguardar a democracia estava ameaçado. Na era dos meios de comunicação social *distribuídos*, este valor continua a estar ameaçado. Mas isto não é o fim da história. Agora, as questões sobre o poder, a ideologia e a manipulação (que, obviamente, continuarão a ser muito relevantes) estão a ser complementadas por novas questões sobre a agência, o poder, a potência e as possibilidades. Na era dos meios de comunicação *de massas*, não havia muita discussão que ligasse os meios de comunicação e as questões sobre o que é importante na vida. Na era dos media *distribuídos*, estes debates estão em pleno andamento.

Poderá o conceito de valor de Marx contribuir para estes debates? Façamos um breve ensaio: Na teoria do valor do trabalho (tal como é apresentada no *volume 1 de O Capital),* Marx rejeita as afirmações dos economistas políticos liberais de que o valor das mercadorias deve ser definido pelos mercados, pelas pessoas que trocam dinheiro e mercadorias. Esta perspetiva liberal oscila entre uma posição em que o valor é de alguma forma intrínseco às mercadorias ou é definido pelo desejo daqueles que querem comprar uma mercadoria. Marx defende que o valor emerge da quantidade de trabalho (e da quantidade de tempo) que foi investido na produção de uma mercadoria. A troca de dinheiro e de mercadorias esconde o facto de que é a produção da mercadoria que lhe confere o seu valor. A partir deste princípio de que o valor é o tempo de trabalho socialmente necessário incorporado numa mercadoria, Marx desenvolve o seu conceito de mais-valia. A mais-valia refere-se, então, à diferença entre o custo da força de trabalho (os salários) e o valor do trabalho que se encontra contido nas mercadorias. A mais-valia ou lucro é a diferença entre o que o trabalhador cria e o que recebe em troca. Se o valor é criado através do trabalho, a mais-valia é criada através da exploração do trabalho.

Mesmo no âmbito da teoria marxista, a sua teoria do valor do trabalho tem sido objeto de grande controvérsia. Para Slavoj Zizek (2011: 205), ela é "geralmente considerada o elo mais fraco na cadeia da teoria de Marx". Baseando-se no trabalho de Moishe Postone, Zizek argumenta que a teoria do valor do trabalho de Marx não é uma teoria trans-histórica, mas uma teoria do valor apenas numa sociedade capitalista. Isto coloca uma questão importante. Qual é a relevância da teoria de Marx para o nosso ecossistema mediático contemporâneo, que é em parte capitalista, em parte financiado pelo Estado e em parte um bem comum digital? Faz sentido aplicar a sua teoria àquilo a que por vezes se chama uma "economia da dádiva" (Barbrook 1999) e por vezes uma "economia das contribuições" (Siefkes 2007). E se sim, como é que isso seria possível? Consideremos, por exemplo, uma economia da dádiva. Será que, numa economia da dádiva, é realmente útil localizar a fonte de valor de objectos específicos na produção desses objectos, em detrimento da relação entre aqueles que trocam objectos como dádivas? Uma tal abordagem não faria muito sentido. É necessário alargar o horizonte das teorias do valor que são desenvolvidas exclusivamente para a compreensão das economias capitalistas. O lugar óbvio para encontrar inspiração é a literatura antropológica sobre o valor.

Graeber (2001) efectuou uma excelente revisão da literatura antropológica sobre o valor. Graeber procura um conceito que possa ultrapassar a dicotomia entre dádivas e mercadorias, que possa fazer a ponte entre uma abordagem maussiana e uma abordagem marxista do valor. Está especialmente impressionado com o conceito de valor desenvolvido por Nancy Munn, que realizou um extenso trabalho de campo na Melanésia. Para Munn, o valor emerge na ação. É o processo pelo qual a capacidade de agir de uma pessoa se transforma em atividade concreta. Em última análise, o valor tem a ver com o poder de criar relações sociais. Graeber:

> Em vez de ter de escolher entre a conveniência dos objectos e a importância das relações humanas, podemos agora ver ambas como refracções da mesma coisa. As mercadorias têm de ser produzidas (e sim, têm de ser movimentadas, trocadas, consumidas...), as relações sociais têm de ser criadas e mantidas; tudo isto requer um investimento de tempo e energia humanos, inteligência, preocupação [...] Enquadrar as coisas desta forma evoca, naturalmente, o espetro de Marx [...] Estamos claramente a lidar com algo na linha de uma teoria do valor do trabalho. Mas só se definirmos "trabalho" de forma muito mais ampla. (45)

Poder-se-ia acrescentar que este conceito de trabalho é praticamente idêntico à definição geral de Marx de trabalho como prática. E é idêntico ao que Negri e Spinoza descrevem como o poder de agir.

Tudo isto é teoria e pode ser difícil encontrar uma justificação para a necessidade de a economia política dos meios de comunicação se envolver com a teoria do valor em primeiro lugar. De facto, não é este o ponto que pretendo focar. Penso, no entanto, que a teoria do valor do trabalho de Marx (entendendo o trabalho neste sentido lato do termo) abriria novos caminhos para a investigação empírica. Se faz sentido ver *o valor como o poder de agir* e como o poder de criar relações sociais, se o valor tem a ver com a forma como as pessoas dão sentido às suas próprias acções, então uma economia política da comunicação, uma economia política dos meios de comunicação distribuídos estaria numa posição perfeita para redefinir o significado de economia política e para estabelecer aquilo a que Negri (1999) chama uma economia política a partir de baixo. Tratar-se-ia de uma investigação sobre o valor centrada não nas estruturas mas nas *subjectividades* e nos seus desejos de criar, ligar, comunicar, partilhar, trabalhar em conjunto e dar sentido a todas estas coisas.

Imóveis

Na era dos *meios de comunicação de massas*, a propriedade sempre foi significativa no que respeita à posse dos meios de produção. No entanto, o interesse pela propriedade em termos de conteúdo dos media era bastante limitado. Ronald Bettig (1996) é talvez demasiado cuidadoso ao dizer que a área da propriedade intelectual e dos direitos de autor em particular tem sido "relativamente inexplorada". É um dos poucos economistas políticos que analisou a propriedade dos conteúdos dos media. É interessante notar que se trata de um estudo realizado no início da viragem digital. Bettig está interessado na diferença entre os princípios normativos da propriedade intelectual e o sistema efetivamente existente. A justificação normativa central da propriedade intelectual assenta no pressuposto de que os criadores de obras intelectuais e artísticas precisam de um incentivo para serem criativos. O direito de autor destina-se a dar ao criador direitos exclusivos de exploração do seu trabalho, o que, por sua vez, proporcionará um rendimento ao criador e o motivará a produzir novos trabalhos. No entanto, o atual sistema de direitos de autor não funciona de acordo com este ideal. A maior parte do trabalho artístico e intelectual assenta num processo de produção, reprodução e distribuição que envolve muitas pessoas e tecnologia dispendiosa. Segundo Bettig, "a propriedade dos direitos de autor recai cada vez mais sobre os capitalistas que possuem a maquinaria e o capital para fabricar e distribuir" (8) as obras.

> Precisamente porque a classe capitalista é proprietária dos meios de comunicação, é capaz de extrair o trabalho artístico e intelectual dos verdadeiros criadores de mensagens mediáticas. Porque para serem "publicados", no sentido lato, os criadores efectivos têm de transferir os seus direitos de propriedade sobre o seu trabalho para aqueles que possuem os meios de o difundir. (35)

Trata-se de uma análise muito correta para a era dos *meios de comunicação de massas* que não deixa muito espaço para a esperança. Ainda assim, afirma com uma clarividência espantosa que "o encerramento dos bens comuns intelectuais e artísticos não é inevitável nem necessário, apesar de a ênfase na lógica do capital fazer parecer que sim" (p5). Bettig deve ter sentido que os tempos estão a mudar. Em meados dos anos 90, quando o seu livro foi publicado, as culturas de partilha e os bens comuns digitais estavam em grande parte limitados ao movimento de código aberto. Não havia software de partilha de ficheiros como o Napster, não havia experiências legais com direitos de autor como a Creative Commons, não havia a Web social. Na era dos meios de comunicação de massas, a lógica expansionista do capital não deixou muito espaço para um património intelectual e artístico comum. Uma parte esmagadora do conteúdo dos media não era propriedade comum, mas capturada pelo capital. Neste aspeto, a declaração de Bettig tem algumas qualidades proféticas. Atualmente, tornou-se muito claro que o encerramento dos bens comuns intelectuais e artísticos não é de todo inevitável. De facto, esta é a "batalha até à morte" a que Kleiner se refere, a batalha entre o trabalho artístico e intelectual e aqueles que querem salvar os bens comuns digitais, de um lado do campo de batalha, e o capital e aqueles que pretendem o confinamento, do outro lado.

Bettig desenvolveu um argumento convincente, com muito apoio empírico, sobre a razão pela qual as disposições em matéria de direitos de autor - por muito legítimas que sejam num sentido normativo ideal - não apoiaram verdadeiramente os criadores de trabalho intelectual e artístico, mas sim aqueles que controlam os fluxos de comunicação. Com a viragem digital, esta disposição bastante problemática está a tornar-se ainda pior. Como todos os objectos digitais podem ser reproduzidos infinitamente e distribuídos com custos adicionais mínimos, são considerados bens não rivais. De facto, a maior parte da propriedade intelectual é não rival, o que significa que pode ser utilizada por uma pessoa sem impedir que outras pessoas utilizem os mesmos bens. No entanto, os objectos digitais não são apenas não rivais, são também abundantes por natureza. Por conseguinte, todas as tentativas de resgatar a ideia de direitos de autor através de direitos digitais são absurdas, na medida em que criam uma escassez artificial. Transformam objectos que são abundantes em bens legalmente escassos. Dito de forma irónica: Na era digital, só a criação de escassez artificial pode alimentar a acumulação capitalista. É exatamente porque as coisas digitais não são apenas não-rivais, mas também abundantes, que a questão da propriedade intelectual passou de um espetáculo secundário para o centro das atenções.

É impossível resumir o debate sobre a cultura livre em poucas linhas. Ainda assim, gostaria de fazer algumas observações, apenas para situar as posições-chave em relação a Marx. A primeira coisa a notar é que existe uma linha relativamente direta entre os economistas políticos críticos e os economistas políticos liberais, como Yochai Benkler (2006) e Lawrence Lessig (2004). Estes últimos celebram a cultura livre sem renunciar à legitimidade da propriedade intelectual. Limitam-se a sugerir alterações à lei dos direitos de autor. Também aplaudem os bens comuns digitais como um desenvolvimento progressivo, sem se preocuparem demasiado com o trabalho livre que entra na construção dos bens comuns digitais. Para Benkler (2006:3), a produção entre pares baseada nos bens comuns reforça a liberdade e a autonomia individuais. É aqui que os economistas políticos críticos adoptam uma posição diferente. Para eles, o trabalho livre é um problema que precisa de ser resolvido.

Os debates no campo dos economistas políticos críticos dos media digitais não são tão claros. Embora existam ambas as posições, uma defesa apaixonada da cultura livre (por exemplo, Cory Doctorow 2008 ou Kevin Carson 2011) e uma preocupação apaixonada com o trabalho livre e a exploração deste trabalho livre pelo capital (Pasquinelli 2008; Kleiner 2010), na maioria dos relatos encontramos um reconhecimento geral deste dilema, um dilema difícil de resolver, com muitos comentadores sentados na cerca. Uma saída para o dilema da cultura livre foi a procura de novos modelos para garantir aos criadores de obras artísticas ou intelectuais algum rendimento (por exemplo, o Flattr de Peter Sunde ou as sugestões de copyfarleft e venture communism de Dmytri Kleiner).

Salvo raras excepções (nomeadamente Wark 2004 e Kleiner 2010), estes debates contornam, no entanto, uma discussão sobre a propriedade em si. Mesmo aqueles que defendem apaixonadamente a cultura livre sustentam a sua posição com argumentos bastante pragmáticos, por exemplo, com a afirmação de que a cultura livre acaba por estimular a produção criativa e a inovação, ao passo que os direitos de autor provocam uma redução do trabalho criativo e inovador. Embora estes sejam argumentos importantes, considero surpreendente o facto de uma crítica fundamental à propriedade intelectual em si não ter sido, até agora, posta em cima da mesa. Badiou (2010, 5) faz uma boa pergunta retórica: Porque é que "mantemos controlos apertados sobre todas as formas de propriedade para garantir a sobrevivência dos poderosos?

É aqui que Marx pode ser bastante útil. A primeira coisa que podemos aprender com Marx é que a propriedade não é um direito natural. É um produto histórico. As relações de propriedade estão sujeitas a condições históricas específicas.

> A Revolução Francesa, por exemplo, aboliu a propriedade feudal em favor da propriedade burguesa. A caraterística distintiva do comunismo não é a abolição da propriedade em geral, mas a abolição da propriedade burguesa. Mas a propriedade privada burguesa moderna é a expressão final e mais completa do sistema de produção e apropriação de produtos, que se baseia no antagonismo de classes, na exploração de muitos por poucos. Neste sentido, a teoria dos comunistas pode ser resumida numa única frase: Abolição da propriedade privada. *(Manifesto Comunista,* 68)

O segundo aspeto a salientar é que a perspetiva de Marx sobre a propriedade é inovadora e muito distinta da dos teóricos políticos liberais, uma vez que não se centra na relação entre uma pessoa e um objeto. Em vez disso, Marx conceptualiza a propriedade como uma relação que uma pessoa estabelece com outras pessoas relativamente a mercadorias. Assim, fundamentalmente, as relações de propriedade são uma expressão das relações sociais. No capitalismo, a propriedade baseia-se no antagonismo entre o capital e o trabalho assalariado. Baseia-se na acumulação de lucros por parte dos detentores dos meios de produção.

> A propriedade privada autogerida, que se baseia, por assim dizer, na fusão do indivíduo trabalhador isolado e independente com as condições do seu trabalho, é suplantada pela propriedade privada capitalista, que se baseia na exploração do trabalho nominalmente livre de outros, ou seja, no trabalho assalariado. O modo de apropriação capitalista, resultado do modo de produção capitalista, produz a propriedade privada capitalista. *(O Capital vol. 1,* 762-63)

Assim, a propriedade privada capitalista não tem tanto a ver com a propriedade das coisas, mas com o direito de excluir os outros de as utilizarem. Desmontando o mito generalizado de que a propriedade privada é justamente conquistada por aqueles que são inteligentes e dispostos a trabalhar duro, enquanto os outros são "malandros preguiçosos", Marx apresenta uma explicação alternativa para a origem da propriedade:

> Essa infantilidade insípida é-nos pregada todos os dias em defesa da propriedade [...] Na história real é notório que a conquista, a escravatura, o roubo, o assassínio, a força breve, desempenham o papel mais importante". *(Capital vol.* 7, 713-14).

Porque é que esta citação ressoa tão bem numa altura em que o capitalismo enfrenta a sua primeira crise global?

A terceira observação, mais importante para nós, é a distinção que Marx faz entre *propriedade privada e propriedade pessoal.* No capitalismo, a propriedade *privada* é má, não é apenas o resultado do trabalho alienado (trabalho assalariado) mas, pior ainda, é também o meio que torna possível o trabalho alienado e o meio de manter esta relação injusta entre capital e trabalho. A propriedade privada é a propriedade produtiva. É a propriedade que é crucial para a produção capitalista. É a propriedade que pode ser utilizada para a criação de mais-valia. Pode ser um pouco simplista, mas, em geral, Marx equipara a propriedade privada aos meios de produção detidos pelo sector privado. Isto é muito diferente da propriedade *pessoal* ou da propriedade para consumo (para reprodução, para subsistência) que não deve ser socializada, uma vez que não há necessidade de o fazer. A propriedade improdutiva ou a propriedade baseada nas necessidades é, afinal, bastante inofensiva.

> Quando, portanto, o capital é convertido em propriedade comum, em propriedade de todos os membros da sociedade, a propriedade pessoal não é transformada em propriedade social. É apenas o carácter social da propriedade que é alterado. Perde o seu carácter de classe [...] O preço médio do trabalho assalariado é o salário mínimo, isto é, o quantum dos meios de subsistência que é absolutamente necessário para manter o trabalhador na sua existência nua como trabalhador [...] Não pretendemos de modo algum abolir esta apropriação pessoal dos produtos do trabalho, uma apropriação que é feita para a manutenção e reprodução da vida humana, e que não deixa qualquer excedente com o qual comandar o trabalho de outros. *{Manifesto Comunista".* 68-69)

Sem dúvida que a propriedade intelectual não é uma propriedade *pessoal* mas *privada.* Não há dúvida de que se trata de bens produtivos. Produzem mais-valia e também lançam as bases para futuras mercadorias que produzem ainda mais mais-valia. A informação produz mais informação, as notícias produzem mais notícias, o conhecimento produz mais conhecimento, a arte produz mais arte. Por conseguinte, a propriedade intelectual é uma invenção que, no capitalismo, não protege os criadores destes objectos imateriais. Em vez disso, ajuda a acumulação capitalista. Bettig apoiou esta afirmação em grande pormenor, com provas empíricas ricas.

Na minha opinião, o debate entre aqueles que apoiam a cultura livre e aqueles que estão preocupados com a natureza exploradora do trabalho livre ficou bloqueado. Ambas as posições devem ser apoiadas de um ponto de vista marxista. Contradizem-se mutuamente, mas fazem-no em perfeita harmonia com o que Marx vê como contradições internas do capitalismo. Além disso, o desenvolvimento de novos modelos de negócio para os trabalhadores intelectuais e artísticos não parece prometedor, nem em termos teóricos nem práticos. Tudo se resume ao simples facto de os capitalistas não estarem dispostos a apoiar o trabalho livre por razões altruístas e de os que são explorados ganharem apenas o suficiente para manter a sua própria subsistência.

A única saída para este dilema é um debate sobre a legitimidade da própria propriedade privada. As relações de propriedade reflectem as relações sociais. Agora podemos fechar o círculo. O que nos levará de novo ao valor, ao valor no sentido sociológico (o que apreciamos na vida) e à quarta abordagem do valor, a que se baseia na teoria dos afectos de Spinoza, ao valor como poder de agir. Também nos leva de volta ao trabalho. Se a cultura livre é boa para a sociedade (o que é uma afirmação que nunca foi seriamente contestada), então a sociedade tem de encontrar uma forma de apoiar os criadores da cultura livre. A sociedade tem de encontrar uma forma de apoiar as suas contribuições não remuneradas, as suas dádivas à humanidade. É tão simples quanto isso. Um rendimento básico global não é a única solução possível para este problema, mas poderia ser um bom ponto de partida.

> Um debate relacionado que deveria ser despoletado a partir do dilema trabalho livre-cultura livre refere-se à divisão do trabalho. Numa sociedade comunista "não há pintores; no máximo, há pessoas que, entre outras coisas, também pintam". *{Literatura e Arte"*. 76)

Se as pessoas usarem o seu poder para atuar contra o regime de propriedade capitalista, entrarão em luta:

> A transformação da propriedade privada dispersa, resultante do trabalho individual, em propriedade privada capitalista é, naturalmente, um processo incomparavelmente mais prolongado, violento e difícil do que a transformação da propriedade privada capitalista, já praticamente assente na produção socializada, em propriedade socializada. No primeiro caso, tivemos a expropriação da massa do povo por alguns usurpadores, no segundo temos a expropriação de alguns usurpadores pela massa do povo. *(O Capital vol. T.* 764)

Marx foi talvez um pouco otimista demais em relação a esta luta. No entanto, este otimismo e a esperança que lhe está associada são muito necessários.

Luta

> *Há uma guerra de classes, é verdade, mas é a minha classe, a classe rica, que está a fazer a guerra e nós estamos a ganhar.* (Warren Buffett 2011)

Na era dos meios de comunicação *de massas*, os economistas políticos da comunicação aplicaram a teoria marxista de uma forma bastante limitada. Na era dos meios de comunicação *digitais e distribuídos*, é esse o meu principal argumento, a economia política da comunicação pode aplicar os conceitos de Marx de uma forma mais alargada. Utilizei alguns conceitos-chave da sua economia política - em particular os conceitos de trabalho, valor e propriedade, que estão todos interligados - para demonstrar a sua relevância para uma análise da nossa ecologia mediática contemporânea, que consiste numa interessante mistura de Estado, mercado e bens comuns. Outro conceito que está obviamente no cerne da economia política de Marx é a luta de classes. Os media digitais e distribuídos abriram novas possibilidades de resistência e de construção de alternativas ao capitalismo. Nenhuma dessas possibilidades pode ser alcançada sem mudanças mais fundamentais impostas pela luta dos oprimidos.

Tal como o trabalho, o valor e a propriedade, o conceito de luta de classes tem estado presente na economia política dos meios de comunicação social, mas apenas nas margens (por exemplo, Mattelart e Siegelaub 1979). Nunca foi um conceito-chave. Além disso, Dyer-Witheford (1999: 64) tem razão ao afirmar que "embora existam alguns estudos sobre as batalhas da classe trabalhadora em torno das máquinas digitais e dos meios de comunicação electrónicos a partir de uma posição de luta de classes, estes geralmente não oferecem quaisquer perspectivas teóricas para além do... neoluddismo".

Uma teorização dos media e da luta é uma das tarefas mais importantes para os economistas políticos dos media distribuídos. [st] Como podemos concetualizar a luta de classes no século XXI, uma vez que há tantas práticas associadas a ela? Trata-se de práticas que se referem à ação dos trabalhadores que resistem à exploração em cada ponto da cadeia de valor, algo que os economistas políticos abordaram recentemente em relatos pormenorizados (Huws e Leys 2003; Qui 2009; Mosco, McKercher e Huws 2010). A luta na era da informação também se refere ao hacktivismo e às formas de resistência empregues por "grupos" cibernéticos com ligações frouxas, como os "Anónimos". Em terceiro lugar, a luta refere-se a todas as energias que são investidas nos bens comuns digitais e na construção de bens e estruturas alternativos. Por último, refere-se aos movimentos sociais. 2011 foi o ano da primeira revolta global. Embora a relação específica entre os meios de comunicação social e os movimentos sociais tenha de ser estudada com mais pormenor, podemos afirmar com segurança que os meios de comunicação social podem dar poder aos movimentos sociais e aos activistas políticos. Na era digital, a ligação entre os media e a luta é complexa mas forte. Os economistas políticos dos meios de comunicação social distribuídos estão a expandir a sua investigação para além do enfoque nas organizações ou indústrias dos meios de comunicação social; estão também a estudar o que se passa no ciberespaço; e estão a estudar o que se passa nas ruas e praças reais. Marx está de facto de volta e desta vez é pessoal.

CAPÍTULO 3

3. Contra-mercadoria: A Economia da Contribuição nos Bens Comuns Digitais[12]

Mercantilização

A mercantilização é um termo que está a ser utilizado para descrever a transformação de algo, um bem ou um serviço que não tem um valor de troca, numa mercadoria, em algo que pode ser comprado e vendido no mercado. Antes desta transformação, a mercadoria pode ter sido um bem público ou um bem comum, ou algo que não tinha quaisquer relações de propriedade. A mercantilização é um processo que tem origem e é impulsionado pelas economias capitalistas. A mercantilização transforma as dádivas em mercadorias. Transforma tanto coisas materiais (objectos) como imateriais (serviços) em bens com um valor muito específico e mensurável.

Na teoria social, o processo de mercantilização tem sido objeto de grande atenção por parte de comentadores marxistas e não marxistas. Parece haver um amplo consenso de que a mercantilização é um facto, de que o mercado capitalista se tornou cada vez mais poderoso, omnipresente e hegemónico, de que a lógica do mercado capitalista coloniza e destrói a lógica da comunidade e de que o mercado engole cada vez mais áreas e aspectos da vida que até agora não eram regulados pela medida e pela troca monetárias. Encontramos as primeiras teorizações deste ponto de vista nos trabalhos de Lukacs (1967, publicado pela primeira vez em 1923), Polanyi (2001, publicado pela primeira vez em 1944) e Debord (1994, publicado pela primeira vez em 1967), e, mais recentemente, nos trabalhos de Wolfe (1989), Jameson (1991), Giddens (1998), Thrift (2000), Gudeman (2001), Harvey (2005, 2007), Illouz (2007), Boltanski e Chiapello (2007), Zelizer (1994, 2007) e muitos outros.[13]

O economista Mandel (1978) faz uma descrição histórica do processo de mercantilização. Distingue três fases importantes na evolução do capitalismo, ou seja, três fases de mercantilização. Cada uma destas três fases é definida por desenvolvimentos tecnológicos significativos, primeiro pela máquina a vapor em meados do século XIX, depois pela eletricidade na viragem do século XX e, finalmente, pelos aparelhos electrónicos desde meados do século XX. A primeira fase, o capitalismo de mercado, pode ser descrita como uma consolidação da produção capitalista como a forma hegemónica de produção económica no hemisfério ocidental.

---

12 Este capítulo foi publicado pela primeira vez em *Culture and Organization,* 19:4, 314-331, 2013. O artigo faz parte de uma edição especial "30 Years After Hochschild's Managed Heart: Exploring the Commodity Frontier", editado por Paul Brook, Gertraud Koch e Andreas Wittel. A Taylor and Francis concedeu autorização não exclusiva para a republicação do artigo.

13 Para uma análise mais pormenorizada da literatura sobre aquilo a que Williams chama "a tese da mercantilização", ver Williams (2005, 13-30). No entanto, o conjunto da literatura analisada por Williams não corresponde em grande medida à literatura enumerada neste parágrafo.

Tratou-se da mercantilização da terra, do trabalho e dos produtos do processo de trabalho. A segunda fase, o imperialismo, é definida por uma expansão espacial do capitalismo. É quando a lógica do capitalismo é exportada, através do colonialismo, para áreas não ocidentais do globo. Trata-se da mercantilização de novos territórios. A terceira fase, o capitalismo tardio, é definida por uma expansão da lógica capitalista para áreas até então não mercantilizadas. Assim, a terceira fase não é uma expansão para fora, mas uma expansão para dentro, uma intensificação e uma penetração mais profunda da lógica do capital.

É esta terceira fase da evolução capitalista que Arlie Russell Hochschild examina na sua obra. Concentra-se nas últimas conquistas do capital, nas mais recentes deslocações da fronteira da mercadoria, coisas que não foram objeto de mercantilização, digamos, durante o fordismo. Ao longo de mais de três décadas, tem inspeccionado a mercantilização de coisas como as emoções, o amor, a amizade, as relações, a gratidão, a simpatia e os cuidados. Interessa-se também pela mercantilização de órgãos do corpo, como o útero feminino. Em suma, estuda a mercantilização da vida íntima (Hochschild 2003), a qual, como argumenta no seu último livro (Hochschild 2012a), tem sido cada vez mais subcontratada às forças do mercado. A vida íntima tornou-se uma área confusa, já sem fronteiras claras entre casa e trabalho. É um local de luta entre um domínio não mercantilizado e intrusões comercializadas.

Para mim, e presumo que para muitos outros leitores, *The Managed Heart (*Hochschild, 1983) foi um abre-olhos. Como poucos outros livros, ajudou-me a compreender melhor o pós-fordismo, ou aquilo a que mais tarde se chamou capitalismo cognitivo. Tornou-se um clássico da sociologia devido ao raro talento de Hochschild para traduzir processos bastante abstractos em histórias sobre novas subjectividades, experiências, dilemas e contradições dos soldados rasos da indústria dos serviços. É provavelmente uma das primeiras etnografias que visam compreender o trabalho emocional. Está repleto de ideias sobre as dimensões sociais das emoções, sobre o trabalho emocional e categorias como o género, a classe e a reciprocidade.

Hochschild apresenta um argumento em duas etapas. Em primeiro lugar, as emoções humanas são sociais. Contextos e situações sociais específicos dão origem a regras de sentimento específicas, que servem de marcadores para o sentimento adequado ou correto em situações específicas. Temos de ajustar e negociar os nossos sentimentos em relação a estas regras de sentimento e ao que é suposto sentirmos. Isto é trabalho emocional. Embora o trabalho emocional coloque muitos problemas e desafios na nossa vida privada, a gestão e a demonstração de emoções torna-se bastante perturbadora em situações comerciais. A comercialização do trabalho emocional produz uma série de custos para aqueles que são obrigados a atuar, nomeadamente uma dificuldade crescente em distinguir as emoções reais das falsas e em manter um sentido de autenticidade.

No prefácio da edição de 2012 de *The Managed Heart,* Hochschild escreve sobre a privatização do sector da saúde nos EUA "nas últimas três décadas" e os seus efeitos devastadores nos cuidados de saúde:

> O Hospital Beth Israel, em Boston, é um exemplo disso. Foi em tempos um modelo de cuidados de enfermagem primários, mas depois fundiu-se com outro hospital e reestruturou-se. Os enfermeiros anteriormente afectos a um determinado grupo de doentes passaram a "flutuar" de unidade em unidade, consoante o número de camas ocupadas num determinado dia. O pessoal foi despedido. Foram retiradas aos enfermeiros as tarefas agora definidas como "servis" - colocar um doente pós-cirúrgico numa cadeira, alimentar um doente idoso ou ajudá-lo a ir à casa de banho. Essas tarefas passaram a ser atribuídas a trabalhadores sem formação e com salários mais baixos. Ao longo do caminho, algo mais aconteceu também. Encorajar um doente a comer, ouvir a história de um doente, fazer uma piada, dar uma palmadinha num braço - esses actos perderam importância. Estão ausentes dos registos médicos... O trabalho emocional tornou-se invisível. Isso não significa que os enfermeiros e os auxiliares não o continuem a fazer. Continuaram a fazê-lo, mas a partir do interior de um sistema de cuidados em mau estado. (2012b, xii)

Para Hochschild, trata-se de mais um nível no processo de mercantilização. Concordo com este ponto de vista. No entanto, há mais nesta história. Em primeiro lugar, esta é uma história que ilumina muito bem as contradições internas do capitalismo e o apetite insaciável do capital. A fim de gerar lucro, o domínio dos cuidados está a ser taylorizado. O domínio dos cuidados recebe o tratamento de gestão científica. É medido, modularizado, segmentado em diferentes partes e normalizado, com o objetivo de aumentar a eficiência e gerar lucro. Em segundo lugar, e para os meus objectivos mais importantes, esta é uma história de como a taylorização dos cuidados produz uma situação que, em última análise, conduz à eliminação dos cuidados. Se os cuidados reais e humanos dos enfermeiros para com os doentes têm de ser defendidos contra um sistema que já não presta cuidados de facto, algo correu muito mal.

Nos 30 anos que decorreram entre a primeira publicação de *The Managed Heart* e o prefácio de Hochschild à edição de 2012 do livro, o processo de mercantilização expandiu-se consideravelmente. Mas também azedou muito. Há uma diferença significativa entre os sorrisos das assistentes de bordo e a destruição dos cuidados no Hospital Beth Israel de Boston. Os sorrisos das assistentes de bordo deviam, pelo menos, melhorar a viagem dos clientes das companhias aéreas, ao passo que a reestruturação da organização do trabalho nos hospitais não está a ser feita em nome dos serviços ao cliente, mas apenas em nome da eficiência e do lucro. Como este exemplo ilustra, nas últimas três décadas, o processo de mercantilização tornou-se simultaneamente mais brutal e mais absurdo. Neste artigo, pretendo argumentar que esta pode não ser apenas mais uma fase, pode ser a fase final. Poderá ser o momento em que a mercantilização está a chegar a um beco sem saída.

Já não há muitas coisas que não tenham sido mercantilizadas. Além disso, as patologias que são produzidas por um mundo mercantilizado estão a tornar-se cada vez mais óbvias. Quando o capital substitui as relações humanas, as casas que poderiam abrigar os sem-abrigo permanecem vazias, os alimentos que poderiam alimentar os famintos apodrecem em silos, o cuidado, o amor e a amizade são substituídos por serviços, a confiança é substituída pelo controlo de qualidade, a conetividade é substituída por uma socialidade em rede, e o diktat da medição transforma o que quer que tenha sido único num determinado momento em blocos de construção modulares que se tornam comparáveis, permutáveis e substituíveis. Se tudo pode ser comprado, a dádiva perde o seu valor. Se tudo pode ser comprado, as relações humanas perdem o seu valor. É do senso comum que este não é um futuro desejável.

Argumentando a partir de uma perspetiva geopolítica, Harvey (2010, 217) defende um ponto de vista semelhante:

> Que espaços restam na economia global para novos arranjos espaciais de absorção de excedentes de capital? A China e o antigo bloco soviético já foram integrados. O Sul e o Sudeste Asiático estão a encher-se rapidamente ... Que novas linhas de produção podem ser abertas para absorver o crescimento? ... A certa altura, as mudanças quantitativas conduzem a mudanças qualitativas e temos de levar a sério a ideia de que podemos estar exatamente nesse ponto de inflexão na história do capitalismo. Questionar o futuro do próprio capitalismo como um sistema social adequado deve, portanto, estar na vanguarda dos debates actuais.

É obviamente impossível apoiar uma afirmação como a do fim da mercantilização com qualquer prova. Este é o território do prognóstico. No entanto, quero oferecer mais do que pura especulação ou desejo. Gostaria de desenvolver dois argumentos que demonstram por que razão o processo de mercantilização pode, de facto, estar a chegar ao fim. O primeiro tem a ver com as tecnologias digitais e a crise da produção capitalista. Trata-se do clássico argumento marxiano sobre as contradições internas do capitalismo. O segundo argumento, que está realmente no centro deste artigo, é sobre os bens comuns digitais como um processo emergente de contra-mercantilização.

As tecnologias digitais e o fim do trabalho

Para Karl Marx, o capitalismo caracteriza-se por uma inerente concentração de capital. A acumulação de capital gera concorrência, que por sua vez conduz a monopólios, à concentração dos meios de produção nas mãos de um número cada vez menor de produtores e, de um modo mais geral, à concentração da riqueza. Quanto mais o capital se concentra nas mãos de um número cada vez menor de capitalistas, menos as classes trabalhadoras podem comprar os bens que produzem. Em última análise, a crescente polarização da estrutura de classes produz instabilidade social e luta de classes. Esta análise é conhecida como aquilo a que Marx chama as contradições inerentes ao capitalismo.

Há também uma contradição inerente entre as forças de produção (as ferramentas e as tecnologias, mas também o conhecimento e a organização do trabalho que são utilizados para a produção de bens) e as relações sociais de produção (a estrutura de classes, a distinção entre os que possuem os meios de produção e os que não os possuem). Trata-se das consequências da inovação tecnológica. Em poucas palavras, o argumento é o seguinte: o emprego de inovações na ciência e na tecnologia aumenta a produtividade. Mas também substitui a força de trabalho - pelo menos até certo ponto. As inovações tecnológicas atiram pessoas para o desemprego. Marx escreve sobre um "exército industrial de reserva descartável, que pertence ao capital de forma tão absoluta como se este o tivesse criado às suas próprias custas" {*Capital,* Vol. 1, Cap. 25). Uma vez que as inovações tecnológicas não criam mais-valia, a substituição da força de trabalho por máquinas conduz, em última análise, a um declínio da taxa de lucro.

Recentemente, Kliman (2012) publicou uma análise das causas subjacentes à crise atual. Argumenta contra a ideia convencional de que se trata de uma crise de financeirização ou de uma crise do capitalismo neoliberal. A lei de Marx da queda tendencial da taxa de lucro está no centro do argumento de Kliman. A sua análise dos dados estatísticos demonstra que as economias capitalistas nunca recuperaram totalmente das recessões de meados da década de 1970 e do início da década de 1980. De facto, Kliman reuniu um conjunto esmagador de dados para apoiar a sua afirmação. A taxa de lucro diminuiu de facto após o boom do pós-Segunda Guerra Mundial. Kliman argumenta que não existe um bom capitalismo que precise de ser protegido contra o mau capitalismo:

> Assim, a contradição no capitalismo e os efeitos da contradição não decorrem de nenhuma forma particular de capitalismo, e não podem ser superados pela substituição de uma forma particular do sistema por outra diferente. Para os ultrapassar, é necessário acabar com o capital, o que exige, como vemos, acabar com as mercadorias e a produção de mercadorias. (Kliman 2012, 27)

Se Marx tem razão e se a inovação tecnológica tem tendência para salvar o trabalho assalariado, então temos de ficar seriamente preocupados se aplicarmos esta lógica às tecnologias digitais. Castells (1996) foi provavelmente um dos primeiros teóricos a delinear a forma como as tecnologias digitais transformam fundamentalmente o trabalho e a sociedade. As tecnologias digitais constituem a base daquilo a que Castells chama a era da informação.

> O que caracteriza a atual revolução tecnológica não é a centralidade do

conhecimento ou da informação, mas a aplicação desse conhecimento e dessa informação à geração de conhecimento e aos dispositivos de processamento/comunicação da informação, num ciclo de feedback cumulativo entre a inovação e os usos da inovação. (1996, 31)

É esta relação entre o conhecimento e a informação, por um lado, e as tecnologias digitais, por outro, e os seus ciclos de retroação, que produziu a mudança tecnológica a um ritmo tão acelerado. Castells descreve cinco caraterísticas do "paradigma da tecnologia da informação". Gostaria de citar as duas primeiras caraterísticas que menciona.

> A primeira caraterística do novo paradigma é o facto de a informação ser a sua matéria-prima: trata-se de tecnologias para agir sobre a informação, e não apenas de informação para agir sobre a tecnologia, como foi o caso nas revoluções tecnológicas anteriores. A segunda caraterística refere-se ao carácter generalizado dos efeitos das novas tecnologias. Uma vez que a informação é parte integrante de toda a atividade humana, todos os processos da nossa existência individual e colectiva são diretamente moldados (embora certamente não determinados) pelo novo meio tecnológico. (1996, 70)

Defende que, na era digital, a informação está a tornar-se um produto. Assim, a diferença fundamental entre o industrialismo e o informacionalismo é que agora todos os sectores industriais (agricultura, indústria transformadora, indústria de serviços, finanças) operam com tecnologias digitais. Assim, se a inovação tecnológica tem efeitos de poupança de mão de obra, as tecnologias digitais são capazes de produzir efeitos de poupança de mão de obra a uma escala enorme e sem precedentes, uma vez que estas tecnologias estão agora no centro de todas as actividades produtivas.

Num estudo recente, Brynjolfsson e McAfee (2011) exploram o impacto exato das tecnologias digitais na produtividade, no emprego e nos salários, analisando dados estatísticos sobre o crescimento do emprego nos EUA. Trata-se de uma análise rigorosa, com uma conclusão convincente que rejeita as explicações convencionais sobre o aumento do desemprego, como a ciclicidade ou a estagnação, e apresenta, em vez disso, o argumento do "fim do trabalho". O argumento do fim do trabalho, desenvolvido por Rifkin num livro com o mesmo título, defende uma evolução nas economias capitalistas "em que serão necessários cada vez menos trabalhadores para produzir os bens e serviços para a população global" (Rifkin 1995, citado em Brynjolfsson e McAfee 2011, 6). Segundo estes autores, isto é uma consequência direta do rápido progresso no desenvolvimento das tecnologias digitais.

Brynjolfsson e McAfee apresentam um argumento convincente sobre as rápidas incursões dos computadores. Referindo-se à evolução exponencial da inteligência artificial, demonstram como as inovações no desenvolvimento dos computadores se tornaram generalizadas e inesperadas. Os programas de tradução e os automóveis totalmente automatizados que actuam no trânsito sem qualquer envolvimento humano são bons exemplos para sustentar este argumento. Brynjolfsson e McAfee fazem afirmações semelhantes sobre as inovações no domínio do diagnóstico médico e do reconhecimento de voz. Cada vez mais, os computadores são capazes de demonstrar competências e capacidades que antes pertenciam exclusivamente aos seres humanos. "É claro que estas são apenas uma pequena amostra da miríade de inovações baseadas nas TI que estão a transformar a produção, a distribuição, o comércio a retalho, os meios de comunicação social, as finanças, o direito, a medicina, a investigação, a gestão, o marketing e quase todos os outros sectores económicos e funções empresariais" (22). Lanier (2013) apresenta um argumento semelhante e reforça a mensagem com alguns números convincentes. A Kodak, diz Lanier, empregava 140 000 pessoas, o Instagram emprega apenas 13.

Então, como é possível que as inovações nas tecnologias digitais tenham acelerado a uma escala sem precedentes, enquanto os rendimentos estão a estagnar ou mesmo a diminuir? Brynjolfsson e McAfee vêem uma correlação clara entre as inovações tecnológicas e o desaparecimento de postos de trabalho. Também vêem uma correlação entre o aumento da produtividade e o aumento da desigualdade. Os recentes avanços tecnológicos favoreceram alguns grupos de competências em detrimento de outros, em particular as "superestrelas" em muitos domínios, e provavelmente também aumentaram a parte global do PIB que cabe ao capital em relação ao trabalho" (51).

Para Castells, são os ciclos de retroação entre a produção de conhecimento e de informação, por um lado, e o software de processamento de informação, por outro, que tornam as tecnologias digitais cada vez mais omnipresentes, criam acelerações inimagináveis nas inovações tecnológicas e conduzem, ao mesmo tempo, a um declínio do emprego e a uma aceleração da desigualdade. Embora eu esteja longe de afirmar que o desenvolvimento tecnológico é a única causa da atual crise do capitalismo, é certamente um fator importante e um fator que é frequentemente negligenciado por aqueles que se concentram nas finanças e no capitalismo neoliberal. É igualmente importante sublinhar que a diminuição do emprego não é uma diminuição do trabalho em geral, mas apenas uma diminuição do trabalho assalariado. Há trabalho suficiente para toda a gente. O desemprego não é causado pelas tecnologias (digitais), é causado pelo capital, pela utilização da tecnologia numa economia política muito específica e numa organização do trabalho muito específica. Isto leva-me ao meu segundo argumento sobre a razão pela qual podemos não estar exatamente a "viver no fim dos tempos" (Zizek 2011), mas talvez, mais esperançosamente, no fim dos tempos de um mundo cada vez mais mercantilizado.

Os bens comuns digitais como contra-mercadorias

É no domínio da produção que se revelam claramente as desigualdades sociais e, além disso, onde surgem as resistências e as alternativas mais eficazes ao

Império. (Hardt e Negri 2000, xvii)

É evidente que não existe um determinismo da mercadoria. Como todos os processos, o processo de mercantilização tem sido acompanhado de resistência e da procura de alternativas. Nem toda a gente procura a felicidade através do poder de compra, aprecia uma vida de marca, gosta da cultura das celebridades e valoriza mais as mercadorias do que as relações sociais. Nem toda a gente cede às pressões que aceleram a mercantilização. Este sempre foi um campo contestado e um campo de luta. Em todos os períodos da história do capitalismo, os processos de mercantilização foram acompanhados por práticas sociais de contra-mercadorização, como a contracultura do final dos anos 60 ou os movimentos de regresso à natureza na viragem do século XX. Embora estes processos de contra-mercadorização tenham articulado uma poderosa crítica do capitalismo, nunca foram suficientemente fortes para desenvolver práticas alternativas que representassem uma séria ameaça ao capitalismo.

Nas últimas três décadas, os bens comuns digitais, um novo movimento e espaço de contra-mercadorização, emergiram e ganharam força continuamente. Pretendo argumentar que os bens comuns digitais não são apenas mais uma perturbação do processo de mercantilização, são o campo de uma luta feroz sobre o futuro da Internet e o futuro do capitalismo. É potencialmente o momento que faz recuar as fronteiras da medição, do valor e da quantificação para qualidades, valores e uma expansão da economia da dádiva.

Os bens comuns referem-se aos recursos naturais e culturais que são partilhados por uma comunidade de plebeus. Estes recursos não são propriedade privada, são propriedade e são partilhados pela comunidade de plebeus. Estes recursos podem ser tão diferentes

coisas como a terra, a língua, a música ou o software. São criados ou administrados pelos cidadãos. Todos os bens comuns são compostos por três elementos: (1) as pessoas que partilham os bens comuns (os plebeus), (2) os recursos que estão a ser partilhados e (3) um quadro normativo que estabelece a forma como os recursos comuns devem ser criados, partilhados, mantidos e desenvolvidos.

Subestimar este quadro normativo e as possibilidades de estabelecer regras aceites por todos os comuns pode ter sido a fraqueza crucial da análise de Hardin (1968) sobre a tragédia dos bens comuns. Os seus argumentos, que tiveram grande influência ao longo de várias décadas e que foram utilizados por políticos neoliberais para transformar vários bens comuns em propriedade privada, baseiam-se num conflito assumidamente insolúvel entre os interesses individuais dos plebeus, por um lado, e os interesses da comunidade plebeia, por outro. Para Hardin, os interesses individuais dos proprietários tendem a destruir o bem comum. No entanto, Hardin não teve em conta que os plebeus são capazes de comunicar, estabelecer quadros normativos e gerir de forma produtiva eventuais conflitos de interesses individuais.

Grande parte da economia política de Elinor Ostrom é dedicada a esta questão. A sua obra, que recebeu o Prémio Nobel da Economia em 2009, examina a governação de um grande número de bens comuns do mundo material (terra, ar, água, etc.) que permitem alcançar a sustentabilidade e evitar a destruição. Sem entrar em demasiados pormenores, Ostrom

(1990) defende que é necessário um conjunto de princípios para que os bens comuns funcionem corretamente. Gostaria de referir dois desses princípios. Em primeiro lugar, qualquer bem comum no mundo material (natural) tem de estabelecer um conjunto de regras. Em segundo lugar, aqueles que não obedecem a estas regras têm de ser sancionados pela comunidade dos comuns.

Nos últimos anos, os bens comuns tiveram um enorme renascimento. É certo que isto é também uma consequência do trabalho de Ostrom, mas tem muito a ver com o espantoso crescimento dos bens comuns digitais. Os bens comuns digitais não se referem ao mundo material e ao domínio da natureza, mas ao mundo imaterial e ao domínio da cultura. Refere-se a "resultados da produção social que são necessários para a interação social e para a produção posterior, tais como conhecimentos, linguagens, códigos, informação, afectos, etc." (Hardt e Negri 2009, xiii). Não se refere a coisas que já existem e que são utilizadas e mantidas pelos seres humanos (por exemplo, a terra), mas a coisas que estão a ser criadas. Refere-se, como discutido adiante em mais pormenor, ao trabalho imaterial. Além disso, os bens comuns digitais referem-se às áreas da Internet que não são construídas com base na produção mercantil. Trata-se de uma nova forma de produção, que Benkler (2006) designa de forma variável por "produção não mercantil", "produção social" ou "produção entre pares baseada nos bens comuns". Benkler cunhou estes termos para descrever um novo modelo de produção socioeconómica, em que um grande número de pessoas trabalha para atingir objectivos comuns sem qualquer compensação financeira para aqueles que contribuem para o bem comum.

Os bens comuns digitais são um repositório na Internet de código, informação, conhecimento e cultura produzidos coletivamente e disponíveis gratuitamente para todos os que queiram utilizar ou modificar esses recursos. Embora os bens comuns digitais sejam frequentemente associados à Web social (por boas razões), surgiram quase duas décadas antes com o aparecimento das culturas de hackers. Começou nos anos 80 com o software livre e o movimento open-source. Mas só se alargou e acelerou a uma escala espantosa na última década, com o aparecimento da Web social. Alastrou da produção interpares de software e código para texto, som, imagens e imagens em movimento, com a Wikipédia, WikiLeaks, Pirate Bay e Creative Commons como alguns dos seus sítios Web emblemáticos. Os bens comuns digitais são constituídos por uma multiplicidade de bens comuns baseados na Internet, como os bens comuns de software, os bens comuns de notícias, os bens comuns de informação, os bens comuns de conhecimento, os bens comuns de arte, os bens comuns de entretenimento e muitos outros.

Os bens comuns digitais não têm de lidar com os problemas descritos por Hardin. Não existe qualquer conflito entre os interesses de cada cidadão comum e os interesses da comunidade de todos os cidadãos comuns. Isto deve-se à natureza dos recursos que estão a ser partilhados. Os bens materiais partilhados são reduzidos. Uma maçã partilhada entre duas pessoas deixa cada uma delas apenas com metade de uma maçã. Quanto mais pessoas partilham uma casa, mais pequena fica a casa para todos. A partilha de coisas digitais não reduz essas coisas, mas multiplica-as. Um ficheiro partilhado com outros torna-se muitos ficheiros. Para uma análise mais aprofundada das qualidades da partilha na era digital, ver Wittel (2011). É evidente que o conflito assumido por Hardin entre os indivíduos comuns e a comunidade em geral não faz muito sentido no mundo digital.

No entanto, há um outro conflito que precisa de ser teorizado cuidadosamente - o conflito entre as práticas de contra-comercialização da comunidade de pessoas comuns digitais e a tentativa do capital de capturar os bens comuns digitais. Trata-se de uma luta em torno do acesso aberto aos recursos digitais, do acesso ao conhecimento, aos direitos de autor e à propriedade intelectual, da liberdade de nos ligarmos aos outros sem vigilância e sem prospeção de dados, e da pressão do capital para a adoção de novas leis e políticas, como o AntiCounterfeiting Trade Agreement (ACTA), o Stop Online Piracy Act (SOPA) e o PROTECT IP Act (PIPA), para restringir os bens comuns digitais. Esta é, de facto, uma luta feroz, e o caso de Julian Assange, os processos judiciais contra activistas como Bradley Manning e Jeremy Hammond, bem como o suicídio de Aaron Schwartz são testemunhos pessoais do que está em jogo.

"O que é possível na era da informação está em conflito direto com o que é permitido", escreve Kleiner (2010, 7).

> As relações não-hierárquicas possibilitadas por uma rede de pares como a Internet são contraditórias com a necessidade de enclausuramento e controlo do capitalismo. É uma batalha até à morte; ou a Internet, tal como a conhecemos, tem de desaparecer, ou o capitalismo, tal como o conhecemos, tem de desaparecer.

Obviamente, esta é uma análise bastante simplificada que não tem em conta os vários desenvolvimentos e formas de cooperação e os novos modelos e acordos entre ambas as partes. No entanto, trata-se de um esboço pontual e condensado da economia política na era dos media digitais e das redes distribuídas. Há uma tecnologia que abre novas forças produtivas, há um sistema político-económico com relações de produção estabelecidas. Há uma luta entre os que querem conservar as relações de produção existentes e os que tentam superá-las. E há uma indicação de como criar um mundo melhor. Poderão os bens comuns digitais ensinar-nos a pensar na sociedade em geral?

Durante a última década, o turbilhão digital causou estragos nas chamadas indústrias criativas. A produção não mercantil está agora a competir com os bens culturais produzidos para o mercado. No entanto, a ameaça que a produção não mercantil dos bens comuns digitais representa para a produção mercantil não tem de se limitar apenas às indústrias dos direitos de autor (música, cinema, edição, software, etc.). Como explicado anteriormente, as tecnologias digitais estão agora incorporadas em todas as actividades produtivas. Por conseguinte, os bens comuns digitais têm potencial para perturbar a produção mercantil a uma escala muito mais vasta, afectando profundamente sectores como o financeiro ou a indústria transformadora. Já podemos ver as sementes de tais desenvolvimentos em vários projectos de produção aberta, bem como em iniciativas de empréstimo entre pares e em novas moedas digitais, como a Bitcoin.

É inegável que os bens comuns digitais têm um enorme potencial como espaço de contra-mercadoria. Ao mesmo tempo, trata-se de um espaço bastante frágil e vulnerável. Para o compreender, temos de explorar mais pormenorizadamente a problemática do trabalho livre. Precisamos também de explorar a economia política bastante específica dos bens comuns digitais.

Trabalho gratuito?

O debate sobre o trabalho livre foi iniciado por marxistas autonomistas próximos da escola italiana do Operaismo. Está ligado aos escritos de Maurizio Lazzarato e de Michael Hart e Antonio Negri sobre o trabalho imaterial, que se situa na viragem para um modo de produção pós-fordista e nos processos que lhe estão associados, tais como as transformações na organização do trabalho (a organização do processo de trabalho), a produção de subjetividade e de relações sociais nos ambientes de trabalho e o capitalismo biopolítico, em que o capital acaba por capturar a vida. O trabalho imaterial é simultaneamente trabalho intelectual e trabalho afetivo.

O conceito de trabalho imaterial é inspirado em algumas páginas dos *Grundrisse,* onde Marx (1973) escreve sobre a criação de riqueza e a produção de valor que é cada vez mais independente do trabalho.

> (A criação de riqueza passa a depender menos do tempo de trabalho e da quantidade de trabalho empregue [...] mas depende mais do estado geral da ciência e do progresso da tecnologia [...] O trabalho já não aparece tanto incluído no processo de produção; em vez disso, o ser humano passa a relacionar-se mais como vigilante e regulador do próprio processo de produção [...] Ele passa para o lado do processo de produção em vez de ser o seu ator principal. Nesta transformação, não é o trabalho humano direto que ele próprio executa, nem o tempo durante o qual trabalha, mas sim a apropriação do seu próprio poder produtivo geral, a sua compreensão da natureza e o seu domínio sobre ela em

virtude da sua presença como corpo social - é, numa palavra, o desenvolvimento do indivíduo social que aparece como a grande pedra angular da produção e da riqueza. (Marx 1973, 704f.)

Segundo Marx, numa determinada fase do desenvolvimento do capitalismo, o conhecimento, a tecnologia e o intelecto em geral tornam-se, em primeiro lugar, de alguma forma dissociados do trabalho e, em segundo lugar, substituem o trabalho como fonte de criação de valor. Estas observações nos *Grundrisse* não se coadunam com a análise de Marx (1996) em *O Capital,* Vol. 1, onde desenvolve a teoria do trabalho do valor e insiste categoricamente que o trabalho é a única fonte de criação de valor de troca. Não é difícil perceber por que razão estas páginas dos *Grundrisse* se tornam tão cruciais para o conceito de trabalho imaterial.

Terranova (2004) é talvez a primeira teórica que se debruçou a fundo sobre o conceito de trabalho gratuito. Num ensaio publicado pela primeira vez em 2000, antes da chegada da Web social, antes da Wikipédia e das plataformas dos meios de comunicação social, conceitua o trabalho gratuito como a "atividade excessiva que faz da Internet um meio próspero e hiperativo" (73). Isto inclui "a atividade de construir sítios Web, modificar pacotes de software, ler e participar em listas de discussão e construir espaços virtuais" (74). Em consonância com o discurso do operaísmo sobre o trabalho imaterial, a autora situa a emergência do trabalho livre no pós-fordismo. O trabalho livre é o momento em que este consumo consciente da cultura se traduz em actividades produtivas em excesso que são abraçadas com prazer e, ao mesmo tempo, frequentemente exploradas de forma vergonhosa" (78).

Com esta definição, temos três caraterísticas do trabalho gratuito que são caraterísticas da maioria dos comentadores neste debate. O trabalho gratuito é, em primeiro lugar, um trabalho não remunerado. É gratuito no sentido de cerveja grátis; é dado voluntariamente. Em segundo lugar, é gratuito no sentido de liberdade. É mais autónomo e menos alienante do que o trabalho assalariado. Não é uma fábrica, mas um parque de diversões. Pode ser desfrutado, mas também explorado. Esta abertura à exploração pelo capital é a terceira caraterística do trabalho livre.

A dialética entre autonomia e exploração reflecte-se na maioria dos relatos sobre o trabalho livre, embora com diferentes interpretações desta tensão. Terranova tem o cuidado de evitar juízos fortes e fala de uma "relação complexa com o trabalho" (Terranova 2004, 73). Mark Andrejevic explorou a noção de trabalho gratuito numa série de estudos sobre reality TV (Andrejevic 2008), YouTube (Andrejevic 2009) e Facebook (Andrejevic 2011). Todos estes são espaços mercantilizados e o argumento central em cada um destes casos é uma crítica aos relatos no âmbito dos estudos dos media que celebram a participação e os conteúdos gerados pelos utilizadores como uma indicação de um processo de democratização e de capacitação dos utilizadores. Em vez disso, argumenta que o trabalho gratuito investido nestes espaços mercantilizados está a ser explorado pelo capital. Nos seus estudos, as potencialidades libertadoras, capacitadoras e emancipatórias são ofuscadas pelas dimensões negativas das comunidades monetizadas. Pasquinelli (2008) vai um pouco mais longe e aborda de forma crítica o trabalho livre e os bens comuns. É óbvio que os bens comuns não são capturados ou encerrados pelo capital, caso contrário deixariam de ser bens comuns. Os vários bens comuns digitais não são espaços mercantilizados. No entanto, Pasquinelli não vê nenhum aspeto positivo nos bens comuns digitais. São espaços maus e sombrios, porque são explorados pelo capital. Escreve sobre o "bestiário dos bens comuns", onde o capital se comporta como vampiro e suga todo o sangue das energias excedentes dos trabalhadores livres que parecem ser demasiado ingénuos para compreender o que se passa.

Não há dúvida de que o conceito de "trabalho livre" provou ser altamente produtivo para iluminar os novos desenvolvimentos na rede social. É um dos principais desafios do capitalismo digital repensar o trabalho para as actividades humanas que florescem fora das relações baseadas no salário. No entanto, este conceito sofre de uma grave falta de rigor analítico. Noutro lugar, argumentei que a frequente associação do trabalho livre à exploração e à alienação é pouco fundamentada. A afirmação de que o trabalho livre está a ser explorado pelo capital nunca foi sustentada de forma convincente, nem com provas empíricas nem com um argumento teórico plausível (Wittel 2012). Neste ponto, quero concentrar-me no problema do trabalho livre no trabalho livre. Ou, para ser mais específico, na noção de trabalho livre como trabalho não remunerado.

Parte-se normalmente do princípio de que o trabalho gratuito é o trabalho que não é compensado financeiramente. No entanto, as coisas são mais complicadas. Os bens comuns digitais são criados através de uma variedade de formas de trabalho no que respeita à subsidiação cruzada. Vejamos a produção de código-fonte aberto. Há uma tendência crescente para o financiamento de projectos de código aberto por empresas, como o apoio da IBM à fundação Linux através de subsídios e o apoio financeiro de alguns programadores Linux. Além disso, é importante salientar que um programador de software de código aberto não é normalmente um lojista durante o dia, que começa a produzir código no seu tempo livre. A esmagadora maioria dos programadores de software de código aberto são programadores empregados, que trabalham para empresas de software. Muitas vezes, o código-fonte aberto é produzido de qualquer maneira, mas depois é disponibilizado à comunidade de código aberto (Weber 2004). Assim, a mão de obra que entra no desenvolvimento de software de fonte aberta é muitas vezes indiretamente paga. Um argumento semelhante poderia ser apresentado para os bens comuns do conhecimento. Uma entrada na Wikipédia sobre, digamos, "modernidade" é provavelmente escrita por um especialista neste tópico, talvez um filósofo. É provável que seja escrito por alguém que é ou foi empregado por uma

universidade.
Esta é a razão pela qual algumas áreas dos bens comuns digitais se desenvolveram a uma velocidade alucinante, enquanto outras áreas permanecem largamente subdesenvolvidas. Os bens comuns de fonte aberta e os bens comuns do conhecimento estão a liderar os bens comuns digitais por uma boa razão, uma vez que aqueles que investem na sua construção obtêm muitas vezes um rendimento pelo seu trabalho. trabalho. Outras áreas, como por exemplo os bens comuns artísticos, permanecem em grande parte subdesenvolvidas, uma vez que o trabalho aqui investido não é pago por outras partes. Estes bens comuns crescem, de facto, apenas com trabalho não remunerado, dependem da paixão, do amor e do entusiasmo daqueles que contribuem e investem neles sem qualquer compensação financeira.

Os bens comuns digitais como economia de contribuição

Handa quer surpreender o seu amigo Akeyo com uma prenda. Coloca sete frutos deliciosos num cesto: uma banana, um ananás, uma goiaba, uma laranja, uma manga, um abacate e um maracujá. Carrega o cesto à cabeça e caminha em direção à aldeia de Akeyo, perguntando-se de qual destes frutos a sua amiga gostaria mais. Sem que Handa se aperceba, os frutos do seu cesto são levados por animais. Um macaco serve-se da banana, uma zebra come a laranja, um elefante apanha a manga, uma girafa apanha o ananás, e assim por diante. Por fim, o cesto na cabeça de Handa fica vazio. Enquanto continua a caminhar em direção à aldeia de Akeyo, passa por uma árvore de tangerinas. Nesse momento, uma cabra solta-se de uma corda e corre diretamente para a árvore. Como resultado deste choque, uma boa quantidade de tangerinas cai da árvore. Muitas caem diretamente no cesto vazio, enchendo-o de novo. Quando Handa encontra Akeyo, diz à sua amiga que lhe trouxe uma surpresa. Pousa o cesto. Tangerinas!", grita Akeyo com alegria e entusiasmo. A minha fruta preferida". A Handa responde-lhe: Tangerinas? Isso é uma surpresa".
"A surpresa de Handa", de Browne (1994), é uma história infantil famosa. Trata-se de uma bela história de amizade e de oferta de prendas. As crianças que aparecem no seu livro são da tribo Luo, no sudoeste do Quénia. Pretendo argumentar que esta narrativa, num ambiente muito rural em África, é também uma narrativa sobre a economia dos bens comuns digitais. Esta economia baseia-se largamente no princípio da dádiva. Para compreender a economia política da dádiva, devemos começar por recorrer ao trabalho de Marcel Mauss.
Para a minha linha de pensamento, quero destacar dois aspectos do trabalho seminal de Mauss (1954) sobre a dádiva. Apesar de se tratar de uma investigação sobre economias não capitalistas longínquas, Mauss dá um contributo importante no que diz respeito aos conceitos marxistas sobre a natureza do capitalismo. Embora Marx tenha feito um grande esforço para demonstrar, na sua teoria do materialismo histórico, a

fluidez e o potencial de transição dos modos de produção dominantes (tal como o modo de produção feudal já continha algumas sementes de um modo de produção capitalista, todos os modos de produção dominantes na história já contêm as sementes do que virá a seguir), a sua análise do modo de produção capitalista não fez realmente uma tentativa de explorar as sementes de um modo de produção que poderia ser um sucessor do capitalismo. Com o trabalho de Mauss, ficamos com a ideia de que essas sementes podem ser formas de troca de presentes. Aprendemos também a compreender que nunca existiu nem existirá uma economia capitalista pura, em que tudo é subsumido ao capital. Uma economia capitalista coexistirá sempre com uma economia da dádiva. De facto, elas têm um importante ponto em comum. Tanto as dádivas como os mercados são exemplos de trocas humanas. Duas décadas depois de Mauss, Polanyi (2001) defendeu um ponto de vista semelhante e, mais recentemente, Hart (2008) e Hart, Laville e Cattani (2010) deram origem ao termo "economia humana", apontando para áreas da atividade económica humana que não são primordialmente orientadas pela lógica da medição e pela lógica do mercado.

O segundo ponto da análise de Mauss sobre a economia da dádiva que é relevante para o meu argumento é a sua insistência na natureza recíproca da dádiva. Para Mauss, as prendas não são apenas prendas e não são apenas almoços grátis. Têm obrigações. Têm de ser devolvidas. Cada presente faz parte de um sistema de relações entre quem dá e quem recebe. Este sistema está a ser construído ao longo do tempo. Nalguns casos, como explica Douglas (1990, xi) no prefácio do livro, "a retribuição especificada é de igual valor, produzindo um sistema estável de estatutos; noutros, tem de exceder o valor da dádiva anterior, produzindo uma competição crescente pela honra". Mauss (1954, 3) começa o livro com um poema escandinavo e depois explica o seu programa: "Na civilização escandinava, e num bom número de outras, a troca e os contratos têm lugar sob a forma de presentes; em teoria, estes são voluntários, na realidade são dados e retribuídos obrigatoriamente". Para ele, as trocas de presentes são contratos; não são contratos legais, mas são contratos na mesma. São apenas menos visíveis do que os contratos dos mercados capitalistas. A obrigação de dar e de retribuir a dádiva faz parte de um quadro moral que estrutura as interações. Trata-se de um sistema moral que valoriza muito a solidariedade.

Há algo de muito tranquilizador na análise de Mauss sobre a dádiva de presentes. Não precisamos de dinheiro, não precisamos de sistemas de medição quase objectivos no que diz respeito à troca económica. As pessoas não vão abusar deste sistema. De facto, há provas empíricas esmagadoras de que se esforçarão muito por o cumprir. Porque, se não o fizerem, podem perder o estatuto e o respeito, e perder a face nas suas comunidades. Podem fazê-lo, ou não. Tudo isto depende do contexto e das circunstâncias. A economia da dádiva descrita por Mauss é um sistema que tem muitas semelhanças com o melhor esboço de Marx sobre o que o comunismo poderia significar: "De cada um segundo a sua capacidade, a cada um segundo a sua necessidade" *(Crítica do Programa de Gotha).* A ideia de comunismo de Marx e a análise de Mauss da economia da dádiva não têm a ver com a medição quase objetiva e o ganho individual, mas sim com valores muito diferentes, relações, comunidade, solidariedade, equilíbrio e balanço.

Para uma análise da economia política dos bens comuns digitais, quero argumentar que só nos podemos inspirar em Mauss de forma limitada. Isto deve-se em grande parte à sua insistência na reciprocidade e na obrigação de devolver a dádiva. É evidente que as práticas de dádiva nos bens comuns digitais não se baseiam na reciprocidade. Um programador de código aberto não espera que todos os que utilizam o seu código retribuam o favor e escrevam eles próprios software de código aberto. O autor de uma entrada na Wikipédia não espera que aqueles que lêem a entrada sejam obrigados a escrever também uma entrada. Um adolescente que coloca um vídeo feito em casa numa plataforma de redes sociais não espera que aqueles que vêem o seu vídeo também carreguem imagens em movimento nessa plataforma. Os presentes produzidos e distribuídos nos bens comuns digitais não são dirigidos a indivíduos específicos, são muito mais inespecíficos. Não é muito claro quem é o destinatário desta troca. Estas dádivas, muito parecidas com obras de arte e muito parecidas com doações de sangue, são dádivas para comunidades abstractas. Em última análise, são dádivas para a humanidade.

Então, como podemos teorizar formas de dar e receber presentes que não estão a ser devolvidos? O trabalho de Serres (2007) sobre O Parasita fornece uma rica inspiração para tal tarefa. O Parasita é um livro sobre relações, sobre relações humanas e sobre relações entre os seres humanos, a natureza e o universo. Em contraste com Mauss - e, de resto, com todos os estruturalistas - Serres não vê muita arrumação, harmonia e ordem. Para ele, há assimetria, desequilíbrio, ruído, interrupção e transformação. Há movimento e metamorfoses. Rejeita os modelos binários para a compreensão das relações. O seu conceito é ternário e envolve o hospedeiro, o parasita e um interventor que agita as coisas, inverte os papéis e reconfigura as relações. Porque o parasitismo é uma relação elementar... A relação perturba o equilíbrio, fazendo-o desviar-se. Se algum equilíbrio existe, ou já existiu algures, de alguma forma, a introdução de um parasita no sistema provoca imediatamente uma diferença, um desequilíbrio" (182). Estas relações são uma sucessão de cadeias parasitárias.

Ele descreve como os fluxos de energia entre organismos nunca são simétricos e iguais, mas sempre assimétricos e desiguais. O parasita alimenta-se da energia dos outros, roubando-a sem devolver nada ao hospedeiro.

> A história esconde o facto de o homem ser o parasita universal e de todos os que o rodeiam se encontrarem num espaço hospitaleiro. As plantas e os animais são sempre os seus anfitriões; o homem é sempre necessariamente o seu hóspede.

> Sempre a receber, nunca a dar. O homem dobra a lógica da troca e da dádiva a seu favor quando está a lidar com a natureza como um todo. Quando está a lidar com a sua espécie, continua a fazê-lo; quer ser também o parasita do homem. E a sua espécie quer sê-lo também. Daí a rivalidade. (24)

Segundo Serres, o homem é sempre um parasita do sol e o sol é sempre um hospedeiro de todos os seres vivos da terra. Trata-se de uma perspetiva vitalista que se aplica também às relações sociais e às relações económicas.

No mundo natural, por vezes não é fácil distinguir os hospedeiros dos parasitas. As abelhas e as flores precisam umas das outras, ambas dão e recebem, mas dão e recebem coisas diferentes. No domínio digital, pode ser igualmente difícil distinguir os parasitas dos hospedeiros. Temos de adotar uma abordagem situacional. Dependendo das circunstâncias, o utilizador e os produtores, os piratas informáticos e os piratas podem ser hospedeiros ou parasitas. Tal como o parasita, o pirata é imaginativo, criativo e inovador. Tal como o parasita, o pirata remixa, interrompe e perturba as coisas, criando desequilíbrios e metamorfoses, transformando-se assim num hospedeiro que dá nova vida a novos parasitas ou novos piratas. Os bens comuns digitais constroem-se, em parte, através da troca social ou da colaboração, através de pessoas que - com amor ou com ódio - trabalham juntas numa entrada da Wikipédia, que trocam conhecimentos, ideias, informações e afectos. No entanto, os bens comuns digitais também funcionam em fluxos assimétricos e unidireccionais descritos por Serres, em que algumas pessoas apenas dão e outras apenas recebem.

O vitalismo de Serres aplica-se também ao domínio do trabalho, que "é sem dúvida (...) uma luta contra o ruído". (86).

> Os sistemas vivos estão a trabalhar, são trabalho. O ato de escrever este livro e a vida de quem o escreve são uma e a mesma ação ... A morte é o fim do trabalho. A vida é trabalho, simplesmente, e o trabalho é a própria vida. (87)

A vida funciona. A vida é trabalho, energia, poder, informação. É impossível traduzir esta descrição num discurso ético ... O trabalho da vida é trabalho e ordem, mas não ocorre sem que se tome emprestado de outro lugar" (88). É interessante relacionar esta perspetiva vitalista do trabalho com o entendimento de Marx do trabalho não como uma atividade económica mas como uma atividade humana, como uma categoria universal da existência humana, em suma, como prática. As semelhanças são notáveis. À primeira vista, o parasita de Serres parece sombrio e distópico.[14] No entanto, isso só é verdade se nos concentrarmos no parasita. É importante notar que Serres concentra a

---

14 No contexto alemão, o termo parasita, especialmente quando usado com referência ao capital e às finanças, é ainda mais sensível, pois pode convidar a associações com uma longa história de antissemitismo, culminando numa ideologia fascista que alegremente equiparava os judeus a parasitas. Para um debate longo e bastante acalorado (em língua inglesa) sobre a adequação do termo parasita em relação ao capitalismo e aos bens comuns digitais, ver um tópico na lista de correio eletrónico Oekonux em 2008 com um total de 69 mensagens: http://www.oekonux.org/listen/archive/msg04265.html.

sua atenção tanto no parasita como no hospedeiro. O seu livro poderia muito bem chamar-se "O hospedeiro". Não há parasita sem hospedeiro, não há tirar sem dar. Além disso, o que pode ser visto como um tom sombrio na filosofia de Serres soa lindamente em "A Surpresa de Handa". No seu livro infantil, Handa faz um grande esforço para levar a sua prenda (o cesto cheio de frutos diferentes) ao seu amigo. No caminho para a aldeia de Akeyo, vários animais comportam-se como parasitas. Roubam a fruta do cesto sem dar nada em troca. Felizmente, uma árvore vem em socorro de Handa. A árvore é o hospedeiro que é interrompido na sua existência calma pela cabra que choca com ela. Devido a esta interrupção, a árvore dá as suas tangerinas a Handa sem receber nada de volta. No final, todas as interrupções do plano original acabam por ser perfeitas, uma vez que as tangerinas são o fruto preferido de Akeyo.

Ou, nas palavras de Serres:

> O que viaja ao longo do caminho pode ser dinheiro, ouro ou mercadorias, ou mesmo alimentos - em suma, bens materiais. Não é preciso ter muita experiência para saber que os bens não chegam tão facilmente aos seus destinos. Há sempre interceptores que trabalham arduamente para desviar o que é transportado por estes caminhos. Parasitismo é o nome mais frequentemente dado a estas numerosas e diversas actividades, e receio que sejam a coisa mais comum do mundo. (11)

A diferença entre Mauss, por um lado, e Serres e Browne (o autor de Handa's Surprise), por outro, não é uma diferença moral. É apenas uma diferença concetual. Enquanto Mauss vê reciprocidade e, portanto, equilíbrio, balanço, mutualismo e troca, Serres e Browne vêem assimetria, desequilíbrio, interrupção e transformação. Para uma compreensão dos bens comuns digitais, as relações assimétricas de Serres podem ser concetualmente mais produtivas do que as relações recíprocas de Mauss. A este respeito, os bens comuns digitais não são tanto uma economia de dádiva, mas uma economia de contribuição. As contribuições feitas para os bens comuns digitais são certamente dádivas, mas são dádivas para a humanidade, não para pessoas específicas e selecionadas. São dádivas sem a obrigação de retribuir o favor.

Ao distinguir a produção entre pares como um novo modo de produção da produção baseada no mercado (com ênfase na troca equivalente) e da produção empresarial (com ênfase na organização hierárquica), Siefkes (2007, 9) escreve: "A produção entre pares (...) baseia-se em contribuições. As pessoas contribuem para um projeto porque querem que ele seja bem sucedido, não porque precisam de ganhar dinheiro ou têm de realizar um plano previamente estabelecido. Quem quiser contribuir para os bens comuns digitais fá-lo-á. É a sua própria escolha, não há coerção.

A diferença entre uma economia de dádiva baseada na reciprocidade e uma economia de contribuição não recíproca não é apenas uma subtileza académica. É importante e tem implicações profundas para o desenvolvimento dos bens comuns digitais. Uma economia da dádiva não precisa de ser regulada de fora ou de cima. Regula-se a si própria em processos ascendentes, uma vez que o equilíbrio e o balanço são parte integrante de um sistema deste tipo. Ela resolve-se por si própria. Mas uma economia de contribuição é desigual, com algumas pessoas a contribuírem mais e outras menos. Por isso, temos de perguntar se a contribuição desigual constitui um problema para o desenvolvimento dos bens comuns digitais. O problema seria obviamente a compensação pelas contribuições.

Rendimento básico

Tal como defendido por Ostrom (1990), os bens comuns podem funcionar e funcionam de facto. Isto é ainda mais verdadeiro no caso dos bens comuns digitais, em que a escassez de recursos materiais não é um problema. Quando tudo está disponível para todos, não temos de nos preocupar muito com o egoísmo humano. Por conseguinte, a conclusão é direta: Se os bens comuns digitais podem funcionar, precisam de ser apoiados. No entanto, é vulnerável, uma vez que se desenvolve de forma desigual. Assim, temos de pensar em formas de apoiar especialmente as áreas dos bens comuns digitais que, até à data, continuam subdesenvolvidas.

Ao longo do século passado, o trabalho foi analisado no hemisfério ocidental apenas como trabalho assalariado. Era comum a perceção de que não havia alternativa ao trabalho assalariado. Obviamente, esta orientação teórica era o reflexo de uma realidade económica caracterizada, em grande medida, pelo trabalho assalariado como forma dominante de produção. No entanto, a perceção de que não existe alternativa ao trabalho assalariado está a ser cada vez mais posta em causa. Recentemente, os apelos a um rendimento básico ganharam ímpeto, o que está parcialmente documentado e refletido na revista *Basic Income Studies,* fundada em 2006, com dois números por ano.

Não é possível apresentar aqui este debate em grande pormenor. Em vez disso, gostaria de me centrar num argumento a favor de um rendimento básico global apresentado por Gorz (1999). Gorz é um dos mais proeminentes académicos conhecidos pelas suas investigações para além da sociedade baseada no salário. Começa a sua argumentação com a afirmação de que o trabalho perdeu a sua magia. Perdeu a sua magia no caminho para o pós-fordismo. Escusado será dizer que o trabalho durante o fordismo era quase perfeito. No fordismo, o trabalho não era uma fonte de coesão social ou de integração social. No entanto, dava a toda a gente um sentido de utilidade e um sentido de direito.

> Esses direitos não estavam ligados à pessoa do assalariado, mas à função que o emprego desempenhava no processo social de produção... Não importa o trabalho que se faz, o que conta é ter um emprego. Esta era a mensagem ideológica essencial da sociedade salarial. (56)

No pós-fordismo, a mensagem ideológica mudou profundamente:

Temam e tremam ... Não importa o que te pagam, desde que tenhas um emprego ... Esteja preparado para fazer toda e qualquer concessão, para sofrer humilhação ou subjugação, para enfrentar a concorrência e a traição para conseguir ou manter um emprego, pois quem perde o emprego perde tudo. (56)

No pós-fordismo, o emprego tornou-se um privilégio. Embora sejamos ensinados a pensar que uma sociedade baseada no salário é tudo o que podemos esperar, na realidade ela já está morta. Persuadem-nos de que é correto, normal, essencial que cada um de nós deseje urgentemente o que, de facto, já não existe e nunca mais estará ao alcance de todos" (58).

Gorz vai muito longe para demonstrar que a tese da escassez de trabalho é um mito criado pelo capital. O trabalho não está a desaparecer, o que está a desaparecer é o que Marx chama de "trabalho abstrato", o trabalho como uma mercadoria, o trabalho que pode ser comprado e vendido no mercado. É correto que o capital já não pode dar-se ao luxo de proporcionar emprego seguro a todos os membros de uma sociedade. "O problema atual não é a falta de trabalho, mas a incapacidade de distribuir a riqueza que é agora produzida pelo capital que emprega cada vez menos pessoas" (72).

À medida que o tempo de trabalho deixa de ser o tempo social dominante, temos de nos preparar para uma vida multiactiva. A questão, em suma, é o desenvolvimento da autonomia das pessoas, independentemente da necessidade das empresas" (74). Isto significa dar às pessoas mais direitos sobre o seu próprio tempo. Com base neste argumento, Gorz propõe a introdução de um rendimento suficiente garantido para todos. Um rendimento básico não deve ser entendido como uma forma de subsistência, pelo contrário, é um recurso que permite novas práticas sociais. O objetivo é

libertá-los dos condicionalismos do mercado de trabalho. O rendimento social de base deve permitir-lhes recusar o trabalho e rejeitar condições de trabalho desumanas. E deve fazer parte de um ambiente social que permita a todos os cidadãos decidir permanentemente entre o valor de uso do seu tempo e o seu valor de troca. (83)

Nos seus primeiros escritos, por exemplo, Gorz (1989), defendeu uma fórmula que vincula um rendimento básico a períodos de tempo em que os cidadãos realizam trabalho para a comunidade, para a sociedade e para a produção geral de riqueza. Mais tarde (Gorz 1999), abandonou esta posição para promover um rendimento básico incondicional. Argumenta com Marx dos *Grundrisse* que o tempo deixou de ser uma medida de valor. No pós-fordismo, onde o trabalho é cada vez mais imaterial e a imaginação, a criatividade e a inteligência se tornam a principal força produtiva, o valor do trabalho já não pode ser medido.[15] Isto também é verdade para o trabalho emocional. Se o investimento emocional e afetivo no trabalho não for mensurável, a sua

15 Negri (1999) apresentou um argumento muito semelhante.

mercantilização torna-se absurda.
Obviamente, Gorz não se refere aos bens comuns digitais, o seu argumento é mais geral. No entanto, existe uma ligação muito direta entre as referências de Gorz ao trabalho imaterial e ao "intelecto geral", um termo cunhado por Marx nos *Grundrisse,* e os bens comuns digitais. Tudo o que faz parte dos bens comuns digitais foi produzido com trabalho imaterial. E a maior parte das coisas que são criadas com trabalho imaterial, com emoção, criatividade, imaginação e intelecto, podem ser disponibilizadas nos bens comuns digitais. Não se trata apenas de um nicho dentro da economia real, trata-se do domínio onde toda a produção de conhecimento e produção cultural pode ser partilhada e acedida livremente. Para que isto aconteça em grande escala, temos de pensar em políticas que compensem os contribuidores e estimulem o que está a emergir como uma economia de contribuição.
Argumentei que os bens comuns digitais são uma nova fronteira para as lutas contra a mercantilização. É um espaço que permite a contra-mercantilização - não apenas a nível pessoal, mas a nível global. Demonstra como o trabalho criativo pode florescer sem as amarras dos regulamentos da propriedade intelectual. No entanto, este é também um espaço vulnerável, uma vez que não floresce uniformemente, com algumas áreas (em particular os bens comuns culturais e os bens comuns artísticos) a permanecerem bastante subdesenvolvidas. A promoção de todas as partes dos bens comuns digitais é uma questão política. Trata-se da criação de espaços em que práticas sociais alternativas e formas alternativas de trabalho se possam desenvolver da melhor maneira possível. É uma questão que deve ser abordada pelos movimentos sociais. Com o agravamento da crise da produção capitalista, existe uma possibilidade real de que um dia o valor dos laços humanos e o "espírito da dádiva" (Hyde 1979) ultrapassem a mercadoria.

CAPÍTULO 4

4. A viragem ativista no meio académico

O que é o ativismo académico?

O trabalho académico nas ciências humanas e sociais é geralmente caracterizado por uma certa distância em relação ao campo de investigação. Esta distância é necessária para manter uma posição objetiva, para ser verdadeiro e para contribuir para a produção de conhecimento. Segundo Robert K. Merton, cuja posição representa a corrente principal do pensamento modernista, o desinteresse é uma das quatro pedras angulares normativas do ethos científico. A exigência de desinteresse tem uma base sólida no carácter público e testável da ciência e esta circunstância, pode supor-se, contribuiu para a integridade dos homens na ciência. (1973: 276)

O pensamento pós-moderno pôs um ponto de interrogação ousado nos ideais de distância e desinteresse, argumentando que a verdade é um conceito relativista e que, de qualquer modo, é impossível alcançar a objetividade. Todo o trabalho académico nas ciências humanas e sociais é subjetivo, uma vez que é profundamente moldado pela biografia intelectual e afectiva dos académicos, pelos seus valores éticos e posições sociais.

Quero levar esta crítica pós-moderna um pouco mais longe e argumentar que um ethos baseado na distância em relação ao campo de investigação, na neutralidade e no desinteresse não só é impossível de alcançar como também nem sempre é desejável. Quero defender um ethos académico que se baseia no interesse, no envolvimento, na parcialidade e numa natureza partidária da produção de conhecimento. A esse ethos académico chamo ativismo académico.

Vamos demonstrar isto com um exemplo. Em Cyber-Proletariat (2015), Nick Dyer-Witheford centra-se num tema bastante antiquado, a análise de classe. De acordo com o seu relato, a análise de classes tornou-se um grande tabu. Só seria utilizada para salientar que o conceito de classe já não faz sentido e que as classes não existem. Os poucos teóricos que utilizam o conceito de classe de forma crítica seriam condenados "como ativamente hostis à harmonia social, se não mesmo incitando à guerra civil". É assim que ele continua:

E é, de facto, com esse espírito, confessemos, que insistimos na análise de classe, como instrumento necessário para reconhecer as reduções desumanas, abstractas e sobrenaturais impostas às pessoas e ao planeta por um sistema económico fundado num estado de guerra civil constitutivo, mesmo que, hoje, esta seja uma guerra de classes travada efetivamente apenas a partir de cima. (2015: 8)

Ativismo significa tomar medidas vigorosas para promover e efetuar mudanças sociais, políticas, económicas ou ambientais. É uma prática que normalmente não está associada à política partidária, mas aos movimentos sociais. É um compromisso cívico que é conduzido de forma mais eficaz através da ação colectiva. As formas de ação colectiva vão desde manifestações, ocupações, greves, sit-ins, boicotes e outras formas de campanha política para combater a injustiça social e introduzir melhorias na sociedade. O ativismo está geralmente associado à política emancipatória

O que é então o ativismo académico? Com este termo, refiro-me a uma forma específica de prática académica. Para simplificar e parafrasear Marx, trata-se de uma prática académica que está mais interessada em mudar o mundo do que apenas em interpretá-lo. Obviamente, a diferença entre mudança e interpretação é bastante imperfeita do ponto de vista concetual. Uma crítica - que é sempre uma forma de interpretação - só faz sentido enquanto tentativa de induzir a mudança. Porquê escrever uma crítica, por exemplo, ao neoliberalismo, se não há vontade de influenciar a opinião pública para acabar por superar o neoliberalismo? Ainda assim, a comparação da mudança com a interpretação (ou crítica) tem muito valor, uma vez que a interpretação ou a crítica não têm de estar preocupadas com uma visão de como iniciar a mudança. Ironicamente, é isto que diferencia o ativismo do ativismo académico. O ativismo é geralmente considerado bem sucedido se a mensagem tiver sido efetivamente implantada na esfera pública. Um bom exemplo é o movimento Occupy. Com o seu slogan "Nós somos os 99%", o movimento conseguiu iniciar um debate público sobre a injustiça social e económica. No entanto, não apresentou quaisquer ideias sobre a forma de criar uma economia e uma sociedade mais justas e equitativas. De facto, o movimento Occupy recusou-se a fazer quaisquer exigências. Tal como muitos movimentos sociais e muitas formas de ativismo, a ação colectiva do movimento Occupy mantém-se, em grande medida, ao nível da crítica. Funciona com base no pressuposto de que a crítica, se for expressa suficientemente alto e por uma parte crescente da população, acabará por conduzir à mudança. O ativismo académico, pelo contrário, não se pode contentar apenas com a crítica. Tem de oferecer mais do que isso, tem de se preocupar com o desenvolvimento de visões, ideias e propostas que possam permitir a mudança.

Esta preocupação com um roteiro para a mudança é certamente a caraterística mais importante do ativismo académico. Há mais duas caraterísticas que definem esta forma de trabalho académico. A segunda caraterística do ativismo académico é a sua política anti-capitalista. A crise financeira global que começou em 2007 tornou bastante óbvio que a crescente desigualdade social e económica não é um acidente no sistema capitalista, mas faz parte da sua lógica. A crise financeira gerou um interesse renovado no pensamento marxista. Em particular, revitalizou um compromisso intelectual com o comunismo e os bens comuns como uma área de produção económica que não é controlada pelo Estado nem pelas empresas.

A terceira caraterística do ativismo académico diz respeito à divulgação do trabalho académico e ao seu público. O objetivo é chegar a públicos mais vastos. Dificilmente será satisfatório manter o debate nos espaços fechados da comunidade académica. Da mesma forma que o ativismo procura uma mobilização alargada, o ativismo académico pretende difundir as suas mensagens o mais possível. Isto requer duas considerações. Em primeiro lugar, trata-se da linguagem e dos estilos de escrita. Para chegar a audiências para além da torre de marfim, é imperativo reduzir ao mínimo o jargão académico e aceitar o desafio de comunicar argumentos complexos de uma forma simples, utilizando uma linguagem que possa ser compreendida por todos os que se interessam por questões sociais, económicas e políticas. Em segundo lugar, isto envolve a consideração de estratégias de publicação e divulgação. É imperativo publicar o trabalho académico de uma forma que o torne acessível a audiências não académicas. Isto tem tanto a ver com estratégias de acesso livre como com a utilização das redes sociais para a distribuição do trabalho.

Uma rápida análise do terreno

Embora o ativismo académico não seja um fenómeno novo, tem conhecido recentemente um aumento acentuado. O crescimento do trabalho académico com um toque ativista é tão notável que parece apropriado discutir este fenómeno como uma viragem ativista nas ciências humanas e sociais.

Embora este aumento seja visível em todas as disciplinas das ciências sociais e das artes e humanidades, centrar-me-ei aqui, com alguns exemplos, na minha própria área de investigação, onde os estudos sobre os media (digitais) e a comunicação (digital) se encontram com a teoria crítica e a economia política. Este não é, de forma alguma, um mapa completo das actividades, iniciativas e publicações nesta área de investigação. O objetivo deste exercício é apenas fornecer alguns exemplos para mostrar o impressionante leque de pensamento ativista nos estudos críticos dos media e da comunicação. Também não poderei analisar ou discutir nenhuma destas iniciativas, limitando-me a enumerá-las.

Comecemos por alguns títulos de livros. O título é o primeiro ponto de ligação entre o autor e o seu público. Como tal, é altamente indicativo do contexto de um livro. Pode também comunicar o argumento principal que o autor está a apresentar, a sua posição e perspetiva teórica. Uma inspeção superficial de alguns títulos de livros dará uma primeira indicação da viragem ativista: *Electronic Civil Disobedience* (Critical Art Ensemble 1996), *Unleashing the Collective Phantoms: Essays in Reverse Imageneering* (Holmes 2008), *Hacking Capitalism* (Soderberg 2008), *Crack Capitalism* (Holloway 2010), *@ is for Activism* (Hands 2010), *Philosophy for Militants* (Badiou 2012), *Revolution at Point Zero* (Federici 2012), *Rebel Cities: From the Right to the City to the Urban Revolution* (Harvey 2012), *Digital Rebellion: The Birth of the Cyber Left* (Wolfson 2014), *Occupy Media* (Fuchs 2014) e *Class Wargames* (Barbrook 2015).

Há também um número crescente de publicações recentes com "Marx" ou "comunismo" no título do livro, como *Media Marx* (Schrdter et al 2006), *From Marxism to postMarxism?* (Therbom 2008), *How to Change the World. Marx and Marxism 18402011* (Hobsbawm, 2011), *Why Marx was Right* (Eagleton 2011), *A Companion to Marx's Capital* (Harvey 2010), *Digital Labour and Karl Marx* (Fuchs 2014), *Marx and the Political Economy of Media* (Fuchs e Mosco 2016), *Marx in the Age of Digital Capitalism* (Fuchs e Mosco 2016), *Reading Marx in the Information Age: A Media and Communication Studies Perspective on Capital Volume 1* (Fuchs 2016), *The Communist Hypothesis* (Badiou 2010), *The Idea of Communism* (Douzinas e Zizek 2010), *The Actuality of Communism* (Bosteels 2011), *The Idea of Communism ((*Zizek 2013), e *Precarious Communism* (Gilman-Opalsky 2014).

Também podemos ver o aumento do ativismo académico em títulos de séries de livros, títulos de revistas e num número crescente de manifestos. Em 2015, a Pluto Press lançou uma nova série de livros chamada *Digital Barricades* (editada por Jodi Dean, Joss Hands e Tim Jordan). *A ROAR Magazine,* uma revista independente fundada por Jerome Roos, está a apoiar explicitamente as lutas globais contra o capitalismo. *The New Significance* é um blogue empenhado nas lutas globais pela autonomia e pela democracia. *Libcom.org* é um recurso em linha para as lutas de libertação global, para "pessoas que desejam lutar para melhorar as suas vidas, as suas comunidades e as suas condições de trabalho". O manifesto mais influente nos estudos digitais é talvez o *Manifesto Hacker* de McKenzie Wark (2004). Também recomendo o *Manifesto Telecomunista* (Kleiner 2010).

Vou agora destacar seis áreas em que o ativismo académico se tornou particularmente enérgico e prolífico. A primeira área diz respeito à reconstrução da Web ou - mais modestamente - de algumas plataformas. Talvez a primeira iniciativa tenha sido organizada por Douglas Rushkoff: a sua *ContactCon*, em 2011, reuniu teóricos, activistas e profissionais para discutir possibilidades de criar uma Web alternativa - de fonte aberta, distribuída e não comercial. A *People's Platform* (2014) de Astra Taylor é outro apelo às armas para um projeto deste tipo. A lista de discussão *Unlike Us*, iniciada por Geert Lovink, deu origem a uma série de publicações, nomeadamente o *Unlike Us Reader* (Lovink e Rasch 2013), que não só critica os meios de comunicação social das empresas - o Facebook em particular - como também explora projectos de fonte aberta que desenvolvem plataformas de meios de comunicação social não mercantilizadas, como a *Diaspora.* O exemplo mais recente neste domínio é o *Platform Cooperativism,* uma conferência organizada por Trebor Scholz em 2015. O seu objetivo é a colaboração entre activistas académicos, sindicatos e programadores de software para desenvolver alternativas à chamada economia de partilha e desafiar empresas como a AirB&B e a Uber com a construção de empresas que se baseiam em modelos cooperativos de propriedade.

A segunda área do ativismo académico refere-se aos direitos de autor e a outras formas de propriedade intelectual. As iniciativas neste domínio incluem o *movimento de cultura livre* e o *A2K* (Acesso ao Conhecimento). Enquanto o movimento de cultura livre concentra as suas energias no livre acesso aos produtos culturais, o A2K faz campanha pela abolição da propriedade intelectual para todo o conhecimento, seja ele farmacêutico, científico ou técnico. *Os recursos* educativos *abertos* (REA) são uma iniciativa para disponibilizar recursos educativos a todos os que têm acesso à Internet. Talvez a iniciativa mais influente seja a *Creative Commons,* uma organização sem fins lucrativos que permite a utilização de conhecimentos e produtos culturais através de ferramentas gratuitas e legais. Fornece uma variedade de licenças de direitos de autor que são todas menos restritivas do que a lei dos direitos de autor. A Creative Commons foi fundada em 2001 por Lawrence Lessig. *O Copyfarleft* - uma alternativa radical ao copyleft - foi criado por Dmytri Kleiner em 2010 e, desde então, tem sido utilizado como modelo de licenciamento pela *P2P Foundation.*

A terceira área envolve novas iniciativas de publicação. As mais proeminentes são as iniciativas de acesso livre que disponibilizam gratuitamente os textos académicos. Existe um vasto leque de iniciativas de acesso livre, pelo que me refiro apenas às iniciativas que não têm fins lucrativos. Existem demasiadas revistas para serem incluídas nesta lista, mas *ephemera, tripleC* e o *Journal of Peer Production* destacam-se pelo facto de terem sido todos bastante aclamados. Mais recentemente, as iniciativas de acesso aberto estenderam-se à edição de livros. O projeto mais emblemático neste domínio é talvez a *Open Library of Humanities.* Embora as publicações de fonte aberta dominem claramente a agenda das iniciativas editoriais, há mais para descobrir. *The Torist* é a primeira revista académica encriptada. O objetivo deste projeto está para além da minha compreensão, mas faz claramente parte desta lista de activistas. Outra nova iniciativa é o ativismo contra os sites académicos de média social, como o *academia.edu* ou o *ResearchGate.net*, que, pela positiva, fornecem ligações e descarregamentos de publicações académicas gratuitas, mas operam com investimento empresarial e baseiam-se numa quantificação altamente problemática do conteúdo académico. *Why are we not boycotting academia.edu?* é a primeira conferência (organizada em 2015 pelo Centre of Disruptive Media, da Universidade de Coventry) dedicada a este projeto. Por último, a lista de novas iniciativas de publicação deve incluir as listas de correio eletrónico, que proporcionaram as primeiras formas globais de comunicação e interação, muito antes do nascimento dos meios de comunicação social. Existem centenas de listas de correio eletrónico deste tipo. A primeira e provavelmente ainda mais importante para os activistas académicos é a *nettime.org,* uma lista de discussão sobre culturas, políticas e tácticas em rede, fundada em 1995 por Geert Lovink e Pit Schultz e atualmente moderada por Ted Byfield e Felix Stalder. A lista de correio eletrónico teve e continua a ter um papel fundamental no estímulo a uma teoria crítica da Internet. Em 2015, tinha cerca de 4500 subscritores.

A quarta área de atividade refere-se à construção dos bens comuns (digitais). Durante a última década, falar do comum, dos bens comuns, dos bens comuns digitais, da comunidade, do comum e da comunhão moldou profundamente o debate na esquerda política. O ativismo relacionado com os bens comuns é omnipresente e heterogéneo, assumindo todas as formas e cores. É impossível apresentar este domínio em poucas linhas. No entanto, duas instituições merecem ser mencionadas. Uma é a Fundação alemã Heinrich Boll, a fundação política do Partido dos Verdes, que é um grupo de reflexão para a reforma política e um catalisador de visões verdes. Na última década, a Fundação Heinrich Boll dedicou grande atenção aos bens comuns e fez deles uma das suas prioridades para iniciar a mudança. As conferências e outras actividades da Stiftung deram origem a duas publicações importantes, *The Wealth of the Commons. Um mundo para além do mercado e do Estado* (editado por Bollier e Helfrich em 2012) e *Patters of Commoning* (editado por Bollier e Helfrich em 2015). A outra instituição é a Fundação P2P, fundada e dirigida por Michel Bauwens. A Fundação P2P disponibiliza um repositório bem organizado e atualizado de iniciativas relacionadas com os bens comuns. Além disso, está ativamente envolvida em algumas dessas iniciativas. *Sociedade em Rede e Cenários Futuros para uma Economia Colaborativa* (Kostakis e Bauwens 2014) é uma reflexão crítica sobre como construir uma economia orientada para os bens comuns. Baseia-se teórica e empiricamente num projeto da Fundação P2P no Equador.

A quinta área de ativismo académico refere-se ao dinheiro, às moedas, às finanças e à dívida. Talvez a iniciativa mais proeminente neste domínio seja o apelo de David Graeber (2011) a uma *amnistia* global *da dívida.* Embora a probabilidade de um tal apelo ser posto em prática seja provavelmente próxima de zero, Graeber contribuiu imensamente para uma consciencialização global de uma espiral de dívida que está fora de controlo. Andrew Ross esteve envolvido na *campanha Occupy Student Debt Campaign.* É também um dos criadores da *Strike Debt,* uma coligação que se formou em 2012 para construir um movimento de devedores e esteve envolvido na redação do *Manual de Operações dos Resistentes à Dívida.* Existe também um grande interesse em moedas virtuais como o *BitCoin. O MoneyLab* faz parte de um movimento global para a democratização das finanças. O primeiro *MoneyLab Reader* (editado por Lovink et al 2015) foi publicado no Institute of Network Cultures. As publicações sobre BitCoin estão a aumentar exponencialmente. Brett Scott, o autor de *A Heredic's Guide to Global Finance: Hacking the Future of Money* (2013), reuniu uma base de dados impressionante de várias centenas de publicações sobre BitCoin. É também o fundador da *London School of Financial Activism.*

Por último, mas não menos importante, a sexta área de ativismo académico diz respeito ao ensino superior e a uma luta contra a transformação global da universidade pública numa empresa. Esta transformação é particularmente visível nos países anglo-saxónicos, mas não se limita a eles. Como reação à privatização do ensino superior, muitos académicos decidiram criar universidades livres e autónomas. Empenharam-se na construção de um ensino superior comum. Uma das iniciativas mais proeminentes no Reino Unido é o *Social Science Centre* em Lincoln, a *Free University of Liverpool,* a *Free University Brighton* e o *People s Political Economy Group* em Oxford. A *Alternative Education Counter Cartography* (publicada no site do Social Science Centre) apresenta uma lista mundial de 123 locais de iniciativas autónomas de ensino superior, a maioria das quais situadas nos EUA e no Reino Unido.

Explicar o aumento

Não tenho conhecimento de investigação que tenha investigado empiricamente as razões do rápido aumento do trabalho académico ligado ao ativismo académico. Embora esta possa ser uma questão bastante complexa, eu diria que há dois desenvolvimentos que se destacam e que ambas as explicações são de algum modo consensuais. A primeira e mais óbvia explicação é a crise do capitalismo, a segunda explicação refere-se especificamente à crise das universidades e do ensino superior.

A crise do capitalismo é, de facto, uma crise múltipla. Não se trata apenas de uma crise económica, mas também de uma crise social, política e ecológica. A crise social manifesta-se numa crescente desigualdade na distribuição da riqueza. É, como Warren Buffet (2011), uma das pessoas mais ricas do planeta, observou corretamente, uma guerra de classes. "Há uma guerra de classes, é certo, mas é a minha classe, a classe rica, que está a fazer a guerra, e estamos a ganhar". É uma crise política, uma vez que o fracasso do sistema político em inverter ou mesmo parar a polarização da distribuição da riqueza está a tornar-se cada vez mais evidente. Embora, em teoria, o sistema político deva regular o capital, a verdade é exatamente o oposto: o capital controla o sistema político. Esta evolução é frequentemente descrita como uma crise da democracia representativa. A crise ecológica não se refere apenas às consequências das alterações climáticas, que ameaçam a vida, mas também à poluição atmosférica, à escassez de abastecimento de água e aos impactos da desflorestação.

É consensual que a crise múltipla do capitalismo não vai simplesmente desaparecer. Wolfgang Streeck (2014) identificou recentemente três tendências de longo prazo na trajetória de todos os Estados capitalistas altamente desenvolvidos. A primeira é um declínio persistente na taxa de crescimento económico, a segunda é um aumento igualmente persistente do endividamento global (incluindo Estados, empresas e famílias privadas), a terceira é um aumento persistente da desigualdade económica. Como as três tendências são de longo prazo, não é preciso ser profeta para perceber que não há muita esperança de recuperação económica. De facto, os vários momentos desta crise irão aprofundar-se e reforçar-se mutuamente. A crise ecológica, por exemplo, é suscetível de aumentar a migração e o número de refugiados, intensificando assim a crise social com novos níveis de militarização e de proteção dos ricos contra os pobres. Os actuais debates sobre a fortaleza Europa marcam apenas o início desta evolução.

[st]Em rigor, a procura de formas alternativas de organizar a vida no século XXI não é um projeto académico. Não é algo que possa ser teorizado. Também não pode ser investigado empiricamente. A procura de alternativas não se baseia apenas numa análise da realidade. Pelo contrário, requer imaginação, desejo e uma certa disponibilidade para o pensamento utópico. Embora todos estes atributos pareçam pouco académicos, o ativismo académico retira a sua legitimidade da noção de relevância. Em tempos de crise, a questão mais premente é como ultrapassar a crise. Só por esta razão, o ativismo académico não é apenas legítimo, mas uma obrigação. É a ordem do dia.

A segunda explicação para o aumento do ativismo académico refere-se à profunda transformação das universidades e do ensino superior. Em poucas palavras, quero argumentar que a reestruturação das universidades públicas em entidades empresariais expôs os trabalhadores académicos às mesmas condições de trabalho e às mesmas formas de alienação e desumanização a que sempre estiveram expostos outros trabalhadores do sector público e privado. Antes desta reestruturação, os académicos sempre gozaram de uma proteção das suas condições de trabalho contra os processos de burocratização e de mercantilização do ensino superior. Gozaram de um nível de autonomia que sempre os distinguiu do resto da população ativa. Esta proteção no seio da torre de marfim académica desapareceu. De facto, a torre de marfim desmoronou-se por completo e deu lugar à fábrica.

As universidades são um exemplo perfeito para estudar os efeitos devastadores de um cocktail em que os processos de mercantilização e as tecnologias digitais não são apenas mexidos, mas também agitados. A mercantilização da educação transforma o ensino numa indústria de serviços. A mercantilização da investigação mina gravemente o ethos da liberdade académica. As tecnologias digitais abrem novas formas de modularização, normalização, auditoria, medição e controlo do trabalho imaterial. Abrem caminho a uma taylorização do trabalho imaterial. O taylorismo refere-se à gestão científica introduzida por Frederick Taylor. O seu objetivo era tornar o trabalho manual mais eficiente, para reduzir o tempo necessário para montar partes de um objeto material. O taylorismo é mais conhecido pela linha de montagem da fábrica fordista.

Eu diria que as tecnologias digitais tornaram possível uma nova forma de taylorismo - um taylorismo do trabalho imaterial, como o trabalho académico. Este ponto de vista contrasta fortemente com a ideologia dominante da ascensão do trabalho criativo e das indústrias criativas (Florida 2002; Hartley 2005) - uma ideologia que teve um enorme impacto nos meios de comunicação social e na literatura sobre gestão. As tecnologias digitais, juntamente com a mercantilização das universidades, permitiram a taylorização do trabalho académico de várias formas (modularização, normalização, quantificação e monitorização) que reduziram a criatividade e aumentaram o gerencialismo e as culturas burocráticas. Em primeiro lugar, abriram uma divisão do trabalho académico numa multiplicidade de elementos supostamente desconectados (modularização). Em segundo lugar, produziram uma normalização das práticas em ambas as áreas, ensino e investigação, que eliminam todas as práticas que não se enquadram nos novos padrões. Em terceiro lugar, contribuíram maciçamente para uma quantificação do trabalho qualitativo. É possível que o trabalho imaterial seja sobre qualidades, uma vez que as emoções, os afectos, os conceitos e o conhecimento estão para além da medida. Não o são, aprendemos, pois os instrumentos para medir a qualidade do ensino e da investigação estão a crescer exponencialmente. Finalmente, as tecnologias digitais permitiram novas formas de monitorização e controlo de qualidade. É este processo que cria talvez a distinção mais profunda entre a versão fordista do taylorismo e a sua versão 2.0 na era digital. Enquanto a monitorização na fábrica fordista reproduziu uma distinção clara entre os que monitorizam e os que são monitorizados, a versão 2.0 trata de uma nova forma de subjetividade, em que o trabalhador académico se torna um eu empreendedor que é simultaneamente sujeito e objeto da nova cultura de auditoria.

A transformação do trabalho académico de um momento de autonomia relativamente grande para um momento de dependência e desumanização criou alienação. Marx (1996) identificou famosamente quatro formas de alienação, duas das quais são mais proeminentes. A primeira forma de alienação refere-se ao facto de os trabalhadores não serem proprietários do produto que fabricam. A segunda forma refere-se à perda de autonomia no que respeita à organização dos processos de trabalho. Eu diria que estas duas formas de alienação são uma experiência relativamente nova para os trabalhadores académicos. Para os académicos, a alienação já não é apenas um campo de investigação. É algo que vivemos atualmente no nosso quotidiano. Com a mercantilização das universidades, os académicos passaram a estar totalmente integrados no proletariado global. Não é de surpreender, portanto, que este seja um importante fator que contribui para o aumento do ativismo académico.

Desafios

O neoliberalismo tornou-se o projeto ideológico dominante do nosso tempo. É agora quase sinónimo do próprio capitalismo. Como é que chegou a esta situação? Nick Smicek e Alex Williams (2015) fazem uma análise instrutiva da história do projeto neoliberal. Interessam-se sobretudo pela forma como a hegemonia neoliberal foi construída. É óbvio que - como todas as ideologias - não surgiu totalmente formada. A sua hegemonia global não surgiu inevitavelmente da lógica do capitalismo. O estatuto hegemónico teve de ser criado. Nas suas origens, segundo os autores, o neoliberalismo era uma teoria marginal. Os seus adeptos tinham dificuldade em arranjar emprego, muitas vezes não tinham emprego e eram ridicularizados pela corrente dominante keynesiana. (p51) A chave para compreender a transformação de uma teoria marginal numa ideologia hegemónica reside na construção de um coletivo de pensamento e de uma infraestrutura para difundir a mensagem e influenciar as elites políticas, segundo Smicek e Williams. Desde o seu início, a rede tinha um objetivo a longo prazo. O seu objetivo era mudar o senso comum político, obter apoio geral e desenvolver uma utopia liberal. As ideias centrais do coletivo de pensamento seriam depois divulgadas e filtradas através de grupos de reflexão e universidades. A ideia central transformar-se-ia em documentos políticos, colunas de jornais, entrevistas televisivas e artigos de opinião.

A ideia central era bastante simples: Tratava-se da superioridade dos mercados. Estes deviam ser deixados em paz. A regulação estatal e as empresas nacionalizadas eram retratadas como ineficientes e como algo que distorce os mercados e reduz a produtividade. Embora o Estado não devesse interferir nos mercados, o coletivo de pensamento neoliberal estava bem ciente do importante papel que o Estado tinha de desempenhar. O coletivo compreendeu que os mercados não eram naturais, que tinham de ser construídos. A abertura dos antigos bens comuns (água, terra, ar puro) e dos antigos bens públicos (transportes, educação, cuidados de saúde) não podia ser conseguida através dos mercados. Tratava-se de um projeto político e era necessário o Estado para tornar possível essa abertura. O Estado tem de criar e manter mercados a todo o custo.

Há alguma lição a tirar da história do coletivo de pensamento neoliberal? O primeiro ponto a salientar é que o coletivo de pensamento ativista criou uma alternativa à hegemonia neoliberal. Essa alternativa é o comum ou o commons. O renascimento do interesse pelos bens comuns é espantoso. É, em parte, uma consequência do trabalho de Elinor Ostrom (1990), que estudou um grande número de bens comuns bem sucedidos e que foi galardoada com o Prémio Nobel da Economia em 2009. Ostrom demonstrou que as formas comuns de governação podem funcionar e funcionam, pondo assim termo a um argumento concetualmente falho, mas altamente influente, de Garrett Hardin (1968), segundo o qual os bens comuns fracassam tragicamente devido à natureza dos seres humanos que, em última análise, colocarão sempre os seus próprios interesses acima dos interesses da comunidade de comuns. Talvez ainda mais importante, o interesse renovado nos bens comuns está ligado ao surgimento e à notável ascensão dos bens comuns digitais (Wittel 2013). Os bens comuns digitais são um repositório na Internet de código, informação, conhecimento e cultura produzidos coletivamente e disponíveis gratuitamente para todos os que queiram utilizar ou modificar esses recursos. Embora os bens comuns digitais sejam frequentemente associados à Web social (por boas razões), surgiram quase duas décadas antes com a ascensão das culturas de hackers. Começou nos anos 80 com o software livre e o movimento open-source. Mas só se alargou e acelerou a uma escala espantosa na última década, com o aparecimento da Web social. Alargou-se da produção interpares de software e código ao texto, som, imagens e imagens em movimento, com a Wikipédia, WikiLeaks, Pirate Bay e Creative Commons como alguns dos seus sítios Web emblemáticos.

No seio do coletivo de pensamento ativista está a emergir uma mensagem. Os bens comuns são superiores aos mercados. Até aqui tudo bem. O que é menos claro é como os bens comuns podem ser protegidos contra o capital e como as áreas de antigos bens comuns, que foram capturadas, podem ser restabelecidas como bens comuns novamente. Embora os bens comuns digitais tenham sido uma enorme inspiração para visões de uma Internet não mercantilizada, é óbvio que as plataformas empresariais estão a tornar-se cada vez mais dominantes e que o desenvolvimento dos bens comuns digitais está, de alguma forma, a ser travado.

O que falta até agora é uma estratégia resiliente e sustentável para a contra-comodificação, uma estratégia para revitalizar os bens comuns como forma económica, social e política dominante. Escusado será dizer que a Internet e os meios de comunicação social permitiram um grande número de iniciativas, como o software de código aberto, o hardware de código aberto, a publicação de acesso livre, as moedas digitais, um conhecimento comum como a Wikipédia, a Creative Commons com várias licenças alternativas de direitos de autor e uma série de plataformas legais e ilegais que promovem a distribuição e o livre acesso a conteúdos protegidos por direitos de autor. No entanto, nenhuma destas iniciativas pode infligir qualquer dano ao capitalismo neoliberal.

Uma das questões fundamentais para o desenvolvimento de uma estratégia comum no seio do coletivo de pensamento ativista é o papel do Estado. Até agora, a discussão sobre o papel do Estado tem-se mantido bastante geral e abstrata, com dois campos a dominar o debate. Um dos campos é constituído por activistas académicos com um passado anarquista e autonomista. Vêem o Estado apenas como um inimigo e uma extensão do capital. Não investem qualquer energia para fazer reivindicações ou para construir colaborações com os detentores do poder político. O segundo campo é constituído por activistas académicos com uma formação mais socialista, que ainda têm alguma esperança de que o Estado possa ser um possível aliado.

Até à data, ambas as posições estão pouco desenvolvidas. Aqueles que se opõem a qualquer forma de colaboração com os governos estaduais terão de explicar a sua visão de um roteiro que conduza a um reforço dos bens comuns. Esta é uma tarefa bastante complicada, ao que parece. Toda a esperança repousa então no entusiasmo e na capacidade de auto-organização de uma multidão exausta - uma multidão que vende o seu trabalho ao capital em condições cada vez mais precárias. Trata-se de uma multidão que tem pouco tempo e igualmente pouco dinheiro para investir nos bens comuns. Do mesmo modo, o segundo campo teria de explicar mais pormenorizadamente o que os governos estatais poderiam ou deveriam fazer para facilitar a transição para uma economia política dos bens comuns. Isto diz respeito ao financiamento, mas também às políticas regulamentares, como a lei da propriedade intelectual. Para dar um exemplo: O sector público de radiodifusão foi, em muitos países europeus, a primeira abordagem para desenvolver a televisão como um meio de comunicação de massas. Embora os canais de televisão comerciais tenham alterado fundamentalmente o panorama da televisão, o sector público de radiodifusão continua a desempenhar um papel fundamental e é geralmente considerado uma instituição importante na salvaguarda das sociedades democráticas. Dever-se-á argumentar da mesma forma em relação à Internet? Será que precisamos de uma Internet pública, uma plataforma popular financiada pelo Estado ou por outros Estados que ofereça uma alternativa não comercial aos serviços oferecidos pelo Google ou pelo Facebook?

Na campanha de 2015 para a liderança do Partido Trabalhista no Reino Unido, Richard Murphy, o conselheiro económico de Jeremy Corbyn, introduziu o conceito de "flexibilização quantitativa para o povo". Em vez de salvar bancos falidos, uma flexibilização quantitativa para o povo utilizaria o dinheiro para investimentos em projectos de infra-estruturas públicas, como os transportes, a educação e a saúde pública. Não se referiu à Internet, mas coloca-se a questão de saber se a Internet também deve ser tratada como um projeto de infraestrutura pública essencial e vital. E se a resposta for positiva, surgem novas questões: Qual é, de facto, a melhor estratégia para transformar a Internet num bem comum?

Para desenvolver respostas coerentes a estas questões, a rede do coletivo de pensamento ativista precisa de espaços para se encontrar e de tempo para falar. Tornar estes encontros possíveis será outro desafio. Precisamos deles regularmente, precisamos deles a uma escala global e precisamos que sejam financiados. Precisamos também que estes encontros sejam livres dos constrangimentos habituais das conferências académicas, que muitas vezes são concebidas não para promover mas para dificultar a livre circulação de ideias.

Bibliografia

Andrejevic, Mark. 'Exploiting YouTube: Contradictions of User-Generated Labour". Em *The YouTube Reader,* em P. Snickers e P. Vonderau (eds.). Estocolmo: Biblioteca Nacional da Suécia, s.d.

--------. 'Facebook Ais Neue Produktionsweise'. Em *Generation Facebook. Uber Das Leben Im Social Net,* Oliver Leistert, Theo Rohle (Hg.)., 31-50. Bielefeld: transcript Verlag, 2011.

--------. 'Watching Television without Pity'. *Televisão & Novos Media* 9, n.º 1 (2008):

24-46.
Artz, Lee, Steve Macek, e Dana Cloud, eds. *Marxism and Communications Studies: The Point Is to Change It.* Nova Iorque: Peter Lang, 2006.
Badiou, Alain. *Philosophy for Militants.* Londres, Nova Iorque: Verso, 2012.
--------. *The Communist Hypothesis.* Londres: Verso, 2010.
Barbrook, Richard. *Class Wargames.* Nova Iorque: Autonomedia, 2015.
--------. 'A economia dos presentes de alta tecnologia'. Em *Readme! Filtrado por Nettime: ASCII Culture and the Revenge of Knowledge,* In Josephine Bosma et al., 132-38. Nova Iorque: Autonomedia, 1999.
Benkler, Yochai. Coase's Penguin, Or, Linux and The Nature of the Firm". *The Yale Law Journal* 112 (2002): 369-446.
--------. "Sharing Nicely: On Shareable Goods And The Emergence Of Sharing As A Modality Of Economic Production". *Yale Law Journal* 114 (2004): 273-358.
--------. *A Riqueza das Redes. How Social Production Transforms Markets and Freedom.* New Haven e Londres: Yale University Press, 2006.
Bettig, Ronald V. *Copyrighting Culture: The Political Economy of Intellectual Property [A Economia Política da Propriedade Intelectual].* Oxford: Westview, 1996.
Bollier, David, e Silke Helfrich, eds. *Patterns of Commoning.* Amherst e Florença (MA): Levellers Press, 2015.
--------. , eds. *The Wealth of the Commons. Um mundo para além do mercado e do Estado.* Amherst e Florença (MA): Levellers Press, 2012.
Boltanski, Luc, e Eve Chiapello. *The New Spirit of Capitalism [O Novo Espírito do Capitalismo].* Londres: Verso,
2007.
Bosteels, Bruno. *The Actuality of Communism [A Atualidade do Comunismo].* Londres, Nova Iorque: Verso, 2011.
Bourdieu, Pierre. Marginalia - Algumas Notas Adicionais sobre a Dádiva". Em *The Logic of the Gift: Toward an Ethic of Generosity,* Alan D. Schrift, 231-41. New York: Routledge, 1997.
Browne, Eileen. *Handa's Surprise (A Surpresa de Handa).* Londres: Walker Books Ltd, 1994.
Burton, Graeme. *Media and Society: Critical Perspectives.* Maidenhead: Open University Press, 2010.
Carson, Kevin. 'How "Intellectual Property" Imedes Competition'. Em *Markets Not Capitalism: Individualist Anarchism Against Bosses, Inequality, Corporate Power, and Structural Poverty,* Ed. Gary Chartier & Charles W. Johnson, 325-34. Londres, Nova Iorque: Minor Compositions e Autonomedia, 2011.
Castells, Manuel. *End of Millenium.* Oxford: Blackwell, 1998.
--------. *The Rise of the Network Society.* Maidan, MA e Oxford: Blackwell, 1996.

Crary, Jonathan. *Suspensões da perceção. Attention, Spectacle, and Modern Culture.* The MIT Press, 2001.
Critical Art Ensemble. *Electronic Civil Disobedience.* Nova Iorque: Autonomedia, 1996.
Curran, James. *Media Organisations in Society.* London: Arnold, 2000.
--------. O Novo Revisionismo na Investigação em Comunicação de Massas: A Reappraisal". *European Journal of Communication* 5 (1990): 135-64.
Curran, James e Jean Seaton. *Power without Responsibility: The Press and Broadcasting in Britain [A Imprensa e a Radiodifusão na Grã-Bretanha].* Londres: Routledge, 1997.
--------. *Poder sem responsabilidade: The Press, Broadcasting and New Media in Britain.* Londres: Routledge, 2003.
Dean, Jodi. "Capitalismo Comunicativo e Luta de Classes". *Spheres: Journal for Digital Cultures,* no. 1 - Politics after Networks (2014). http://spheres-joumal.org/l-politics-after-networks/.
Debord, Guy. *The Society of the Spectacle.* Nova Iorque: Zone, 1994.
Devereux, Eoin. *Understanding the Media.* Londres: SAGE, 2003.
Doctorow, Cory. *Conteúdo.* São Francisco: Tachyon Books, 2008.
Douzinas, Costas, e Slavoj Zizek, eds. *The Idea of Communism.* Londres, Nova Iorque: Verso, 2010.
Durham, Meenakshi Gigi e Douglas Kellner. *Media and Cultural Studies: Keyworks.* Vol. Keyworks in cultural studies. Oxford: Blackwell, 2006.
Dyer-Witheford. *Cyber-Marx: Cycles and Circuits of Struggle in High-Technology Capitalism [Ciclos e Circuitos de Luta no Capitalismo de Alta Tecnologia].* Urbana e Chicago: University of Illinois Press, 1999.
Dyer-Witheford, Nick. *Cyber-Proletariat. Global Labor in the Digital Vortex.* Londres: Pluto Press, 2015.
Eagleton, Terry. *Why Marx Was Right.* Londres: Yale University Press, 2011.
Eisenstein, Charles. *Sacred Economics: Money, Gift, and Society in the Age of Transition [Dinheiro, Dádiva e Sociedade na Era da Transição].* North Atlantic Books, 2011.
Federici, Silvia. *Revolution at Point Zero.* Nova Iorque: Autonomedia, 2012.
Florida, Richard. *The Rise of the Creative Class [A Ascensão da Classe Criativa].* New York: Basic Books, 2002.
Fuchs, Christian. *Digital Labour and Karl Marx.* New York: Routledge, 2015.
--------. *Internet e Sociedade: Teoria Social na Era da Internet.* Vol. Routledge research in information technology and society. Londres: Routledge, 2008.
--------. *OccupyMedia! The Occupy Movement and Social Media in Crisis Capitalism [O movimento Occupy e as redes sociais no capitalismo em crise].* Winchester: Zero

Books, 2014.
--------. *Ler Marx na era da informação: A Media and Communication Studies Perspective on Capital Volume 1.* New York: Routledge, 2016.
Fuchs, Christian, e Vincent Mosco, eds. *Marx and the Political Economy of the Media.* Leiden: Brill, 2016.
--------., eds. *Marx in the Age of Digital Capitalism.* Leiden: Brill, 2016.
Gamham, Nicholas. Contribuição para uma Economia Política da Comunicação de Massa".
In *Media, Culture & Society: A Critical Reader,* 9-32. Londres: Sage, 1986.
--------. *Emancipação, os media e a modernidade: Arguments about the Media and Social Theory.* Oxford: Oxford University Press, 2000.
Giddens, Anthony. *The Third Way: The Renewal of Social Democracy.* Cambridge: Polity Press, 1998.
Gilman-Opalsky, Richard. *Precarious Communism: Manifest Mutations, Manifesto Detourned.* Nova Iorque: Minor Compositions e Autonomedia, 2014.
Godelier, Maurice. *O Enigma da Dádiva.* Chicago: University of Chicago Press, 1999.
Goldhaber, Michael. A economia da atenção e a rede". *First Monday* 2, no. 4 (1997). http:// firstmonday. org/htbin/ cgiwrap/bin/oj s/index .php/fin/ article/view/519/440.
Golding, Peter, Graham Murdock e Philip Schlesinger. *Communicating Politics: Mass Communications and the Political Process.* Leicester: Leicester University Press, 1986.
Gorz, André. *Critique of Economic Reason.* Londres, Nova Iorque: Verso, 1989.
--------. *Reclaiming Work: Beyond the Wage-Based Society.* Cambridge: Polity, 1999.
Graeber, David. *Debt: The First 5,000 Years [Dívida: Os Primeiros 5.000 Anos].* London: Melville House, 2011.
--------. *Para uma teoria antropológica do valor. The False Coin of Our Own Dreams.* Nova Iorque: Palgrave, 2001.
--------. *Para uma teoria antropológica do valor: The False Coin of Our Own Dreams.* Nova Iorque: Palgrave Macmillan, 2002.
Grossberg, Lawrence, Ellen Wartella e D. Charles Whitney. *Mediamaking: Mass Media in a Popular Culture.* Thousand Oaks, Califórnia: SAGE, 1998.
Gudeman, Stephen. *The Anthropology of Economy: Community, Market, and Culture.* Oxford: Blackwell, 2001.
Gurevitch, Michael. *Culture, Society and the Media.* Londres: Methuen, 1982.
Mãos, Joss. *@ Is for Activism. Dissent, Resistance and Rebellion in a Digital Culture (Dissidência, Resistência e Rebelião numa Cultura Digital).* Londres: Pluto Press, 2011.
Hardin, Garrett. The Tragedy of the Commons" [A Tragédia dos Comuns]. *Science* 162 (13 de dezembro) (1968): 1243-48.

Hardt, Michael, e Antonio Negri. *Empire.* Cambridge, MA e Londres: Harvard University Press, 2000.

Hardy, Jonathan. The Contribution of Critical Political Economy" [A Contribuição da Economia Política Crítica]. Em *Media and Society,* 186-209. Londres: Bloomsbury, 2010.

Hart, Keith, 2008. http://www.theasa.org/publications/asaonline/articles/asaonline_0101 .htm.

Hart, Keith, Jean-Louis Laville e Antonio Cattani. 'Construindo juntos a economia humana'. Em *The Human Economy,* 1-17. Cambridge: Polity Press, 2010.

--------., eds. *The Human Economy.* Cambridge: Polity Press, 2010.

Hartley, John, ed. *Creative Industries.* Maidan, MA e Oxford: Blackwell, 2005.

Harvey, David. *A Brief History of Neoliberalism [Uma Breve História do Neoliberalismo].* Oxford: Oxford University Press, 2007.

--------. *A Companion to Marx's Capital.* Londres, Nova Iorque: Verso, 2010.

--------. *Cidades Rebeldes: From the Right to the City to the Urban Revolution.* Londres, Nova Iorque: Verso, 2012.

--------. *The New Imperialism (Clarendon Lectures in Geography and Environmental Studies).* Oxford: Oxford University Press, 2005.

Herman, Edward S., e Noam Chomsky. *Manufacturing Consent: The Political Economy of the Mass Media [A Economia Política dos Meios de Comunicação Social].* Londres: Vintage, 1988.

Herman, Edward S., e Robert W. McChesney. *The Global Media: The New Missionaries of Corporate Capitalism [Os Novos Missionários do Capitalismo Corporativo].* Londres: Cassell, 1997.

Hesmondhalgh, David. User-Generated Content, Free Labour and the Cultural Industries" [Conteúdo Gerado pelo Utilizador, Trabalho Livre e Indústrias Culturais]. *Ephemera* 10, no. 3/4 (2010): 267-84.

Hobsbawm, Eric. *How to Change the World. Marx and Marxism 1840-2011.* Londres: Little, Brown, 2011.

Hochschild, Arlie. *The Commercialization of Intimate Life [A Comercialização da Vida Íntima]: Notes From Home And Work.* São Francisco: University of California Press, 2003.

--------. *O coração gerido: The Commercialization of Human Feeling.* Berkeley, CA: The University of California Press, 1983.

--------. *The Outsourced Self: Intimate Life in Market Times.* New York: Metropolitan Books, 2012.

Holloway, John. *Crack Capitalism.* Londres: Pluto Press, 2010.

Holmes, Brian. *Unleashing the Collective Phantoms: Essays in Reverse Imageneering.* Nova Iorque: Autonomedia, 2008.

Huws, Ursula, e Colin Leys. *The Making of a Cybertariat: Virtual Work in a Real World [Trabalho Virtual num Mundo Real].* Nova York: Monthly Review Press, 2003.

Hyde, Lewis. *The Gift: How the Creative Spirit Transforms the World [O Dom: Como o Espírito Criativo Transforma o Mundo].* Canongate Books Ltd, 2007.

Illouz, Eva. *Cold Intimacies: The Making of Emotional Capitalism.* Cambridge: Polity Press, 2007.

Jameson, Fredric. *Postmodernism, or The Cultural Logic of Late Capitalism [Pós-modernismo ou A Lógica Cultural do Capitalismo Tardio].* Durham: Duke University Press, 1991.

Jhally, Sut. *The Codes of Advertising: Fetishism and the Political Economy of Meaning.* New York: Routledge, 1990.

--------. *The Spectacle of Accumulation: Essays in Culture, Media, & Politics.* Nova Iorque: Peter Lang, 2006.

Kellner, Douglas. 'Media Communications vs. Cultural Studies: Overcoming the Divide". *Teoria da Comunicação* 5, n.º 2 (1995): 162-77.

Kleiner, Dmytri. *The Telekommunist Manifesto.* Amesterdão: Instituto de Culturas em Rede, 2010.

Kostakis, Vasilis, e Michel Bauwens. *Network Society and Future Scenarios for a Collaborative Economy [Sociedade em rede e cenários futuros para uma economia colaborativa].* Londres: Palgrave Macmillan, 2014.

Krikorian, Gaelle, e Amy Kapczynski, eds. *Access to Knowledge in the Age of Intellectual Property [Acesso ao Conhecimento na Era da Propriedade Intelectual].* MIT Press, 2010.

Lanier, Jaron. *Who Owns The Future?* London: Penguin, 2013.

Latour, Bruno. *Reassembling the Social: An Introduction to Ator-Network-Theory.* Oxford: Oxford University Press, 2008.

Laughey, Dan. *Estudos dos Media: Theories and Approaches.* Harpenden: Kamera, 2009.

Lazzarato, Maurizio. 'Immaterial Labor', 1998. http://www.generation-online.org/c/fcimmateriallabour3.htm.

Leadbeater, Charles. *We-Think: Inovação em massa, não produção em massa: The Power of Mass Creativity.* Londres: Profile Books, 2008.

Lessig, Lawrence. *Free Culture: The Nature and Future of Creativity.* Nova York: Penguin Books, 2004.

Livingstone, Sónia. On the Mediation of Everything" [Sobre a Mediação de Tudo]. *Jornal da Comunicação* 59, n.º 1 (2009): 1-18.

Lovink, Geert, e Miriam Rasch, eds. *Unlike Us Reader: Social Media Monopolies and Their Alternatives [Monopólios dos meios de comunicação social e suas alternativas].* Amesterdão: Instituto de Culturas de Rede, 2013.

Lovink, Geert, e Ned Rossiter, eds. *MyCreativity Reader: A Critique of Creative Industries*. Amesterdão: Instituto de Culturas em Rede, 2007.

Lovink, Geert, Nathaniel Tkacz, e Patricia de Vries, eds. *MoneyLab Reader: An Intervention in Digital Economy*. Amesterdão: Instituto de Culturas de Rede, 2015.

Lukacs, Georg. *History and Class Consciousness*. Merlin Press, 1967.

Marx, Karl. *Contribuição para a crítica da economia política*. Moscovo: Progress Publishers, 1977.

--------. *Os Grundrisse: Fundamentos da Crítica da Economia Política*. Londres: Penguin Books, 1973.

--------. *O Manifesto Comunista*. Vol. Norton critical editions in the history of ideas. New York: W. W. Norton, 1988.

Marx, Karl, e Frederick Engels. *Karl Marx Frederick Engels: Collected Works, Vol. 35: Karl Marx; Capital, Vol. 1*. Londres: Lawrence and Wishart, 1996.

--------. *Literatura e Arte*. Nova Iorque: International Publishers, n.d.

--------. *A Ideologia Alemã*. Londres: Lawrence and Wishart, 1974.

Mattelart, Armand, e Seth Siegelaub, eds. *Comunicação e Luta de Classes. An Anthology in 2 Volumes*. Nova Iorque: Bagnolet, 1979.

Mauss, Marcel. *A Dádiva: Forms and Functions of Exchange in Archaic Societies*. Cohen & West Ltd, 1954.

McChesney, Robert W, e Victor Pickard, eds. *Will the Last Reporter Please Turn Out the Lights: The Collapse of Journalism and What Can Be Done to Fix It*. Nova Iorque e Londres: The New Press, 2011.

McQuail, Denis. *McQuail s Mass Communication Theory*. Londres: SAGE Publications, 2005.

Merton, Robert. *The Sociology of Science: Theoretical and Empirical Investigations [A Sociologia da Ciência: Investigações Teóricas e Empíricas]*. Chicago: University of Chicago Press, 1973.

Mosco, Vincent. *The Digital Sublime: Myth, Power, and Cyberspace*. Cambridge, MA: MIT Press, 2004.

--------. *A economia política da comunicação: Repensar e Renovar*. Vol. The media, culture and society series. Londres: SAGE, 1996.

Mosco, Vincent, Catherine McKercher e Ursula Huws. *Getting the Message: Communications Workers and Global Value Chains*. Londres: The Merlin Press LTD, 2010.

Murdock, Graham. "Large Corporations and the Control of the Communications Industries". Em *Culture, Society and the Media*. London: Methuen, 1982.

--------. "Passados os Postos: Repensar a Mudança, Recuperar a Crítica". *European Journal of Communication* 19, no. 1 (2004): 19-38.

Murdock, Graham e Peter Golding. Digital Possibilities, Market Realities: The

Contradictions of Communications Convergence". In *Socialist Register 2002: A World of Contradictions,* In: Panitch, Leo e Leys, Colin. London: Merlin Press, 2001.
Negri, António. 'Value and Affect'. *Limite 2* 26, nº 2 (1999): 77-88.
Nichols, John, e Robert Waterman McChesney. *Tragedy and Farce: How the American Media Sell Wars, Spin Elections and Destroy Democracy [Tragédia e Farsa: Como os Meios de Comunicação Social Americanos Vendem Guerras, Giram Eleições e Destroem a Democracia].* Nova York: New Press, 2006.
Ostrom, Elinor. *Governing the Commons: The Evolution of Institutions for Collective Action.* Vol. The Political economy of institutions and decisions. New York: Cambridge University Press, 1990.
Pasquinelli, Matteo. *Espíritos animais: A Bestiary of the Commons.* Amesterdão: NAi Publishers e Instituto de Culturas em Rede, 2008.
--------. "ICW - Immaterial Civil War: Prototypes of Conflict within Cognitive Capitalism", Lovink e Rossiter, 69-80. Amesterdão: Instituto de Culturas de Rede, 2007.
Polanyi, Karl. *The Great Transformation: The Political and Economic Origins of Our Time.* Boston: Beacon Press, 2001.
Qiu, Jack Linchuan. *Working-Class Network Society: Communication Technology and the Information Have-Less in Urban China".* Cambridge, MA: MIT Press, 2009.
Reagle, Joseph Michael. *Good Faith Collaboration [Colaboração de boa fé]. The Culture of Wikipedia.* Cambridge, MA: MIT Press, 2010.
Rheingold, Howard. *Smart Mobs: The Next Social Revolution.* New York: Basic Books, 2002.
Sahlins, Marshall. *Stone Age Economics (Economia da Idade da Pedra).* London: Tavistock Publications Ltd, 1974.
Schiller, Herbert I. *Culture, Inc: The Corporate Takeover of Public Expression [A Aquisição Corporativa da Expressão Pública].* N.Y.: Oxford U.P., 1989.
Schrdter, Jens, Gregor Schwering, e Urs Staheli, eds. *Media Marx. Ein Handbuch.* Bielefeld: transcript Verlag, 2006.
Serres, Michel. *O Parasita.* Minneapolis: University of Minnesota Press, 2007.
Shay, David, e Trevor Pinch. Six Degrees of Reputation (Seis Graus de Reputação): The Use and Abuse of Online Review and Recommendation Systems". *First Monday* 11, no. 3 (206AD). http:// firstmonday. org/htbin/ cgiwrap/bin/oj s/index .php/fin/ article/view/1315.
Shirky, Clay. *Cognitive Surplus: Creativity and Generosity in a Connected Age [Criatividade e Generosidade numa Era Conectada].* Allen Lane, 2010.
Siefkes, Christian. *Da troca às contribuições: Generalizing Peer Production into the Physical World.* Berlim: Edição C. Siefkes, 2007.
Slaughter, Sheila, e Gary Rhoades. *Academic Capitalism and the New Economy*

[Capitalismo Académico e Nova Economia]: Markets, State, and Higher Education [Capitalismo Académico e Nova Economia: Mercados, Estado e Ensino Superior]. Baltimore: The John Hopkins University Press, 2004.

Smythe, Dallas W. *Dependency Road: Communications, Capitalism, Consciousness, and Canada [Comunicações, Capitalismo, Consciência e Canadá].* Norwood: Ablex, 1977.

Soderberg, Johan. *Hacking Capitalism: The Free and Open Source Software Movement [O Movimento do Software Livre e de Código Aberto].* Nova Iorque e Londres: Routledge, 2008.

Smicek, Nick e Alex Williams. *Inventing the Future. Postcapitalism and a World Without Work.* Londres, Nova Iorque: Verson, 2015.

Tapscott, Don, e Anthony D. Williams. *Wikinomics: How Mass Collaboration Changes Everything [Wikinomia: Como a Colaboração em Massa Muda Tudo].* Portfolio, 2008.

Taylor, Astra. *The People's Platform: Taking Back Power and Culture in the Digital Age [A Plataforma do Povo: Recuperando o Poder e a Cultura na Era Digital].* New York: Picador, 2014.

Terranova, Tiziana. *Cultura de rede: Politics For the Information Age.* Londres: Pluto Press, 2004.

Therbom, Goran. *From Marxism to Post-Marxism?* Londres, Nova Iorque: Verso, 2008.

Thrift, Nigel. "Commodities". Em *The Dictionary of Human Geography,* R. Johnston, D. Gregory, G. Pratt, M. Watts (eds). Oxford: Blackwell, 2000.

Turkle, Sherry. *Alone Together: Why We Expect More from Technology and Less from Each Other [Porque esperamos mais da tecnologia e menos uns dos outros].* Basic Books, 2011.

von Hippel, Eric. *Democratizing Innovation.* Cambridge, MA e Londres: MIT Press, 2005.

Wark, McKenzie. *A Hacker Manifesto.* Cambridge, Massachusetts: Harvard University Press, 2004.

Wayne, Mike. *Marxism and Media Studies: Key Concepts and Contemporary Trends.* Londres: Pluto, 2003.

Weber, Steven. *The Success of Open Source [O Sucesso do Código Aberto].* Cambridge, MA e Londres: Harvard University Press, 2004.

Williams, Colin. *A Commodified World? Mapping the Limits of Capitalism.* Londres, Nova Iorque: Zed Books, 2005.

Williams, Raymond. *Culture and Society 1780-1950.* London: Chatto & Windus, 1958.

--------. *A Longa Revolução.* Londres: Chatto & Windus, 1961.

Wittel, Andreas. 'Counter-Commodification: The Economy of Contribution in the

Digital Commons". *Culture and Organization* 19, no. 4 (2013): 314-31.

--------. "Cultura, Trabalho e Subjetividade: Para uma economia política a partir de baixo". *Capital & Classe* 84 (2004): 11-30.

--------. 'Digital Marx: Toward a Political Economy of Distributed Media'. *tripleC* 10, n.º 2 (2012): 313-33.

--------. Hochschulbildung Ais Gut: Vom offentlichen Gut Zur Ware Zum Gemeingut? In *Wissensarbeit Und Arbeitswissen. Zur Ethnographic Des Kognitiven Kapitalismus.* Frankfurt am Main: Campus, 2012.

--------. 'Qualidades de partilha e suas transformações na era digital'. *Revista Internacional de Ética da Informação* 15 (2011).

Wolfe, Alan. *Whose Keeper? Social Science and Moral Obligation [Ciência Social e Obrigação Moral].* Berkeley, CA: University of California Press, 1989.

Wolfson, Todd. *Digital Rebellion: The Birth of the Cyber Left [Rebelião Digital: O Nascimento da Esquerda Cibernética].* Chicago: University of Illinois Press, 2014.

Zelizer, Viviana. *Precificando a criança sem preço: The Changing Social Value of Children [A Mudança do Valor Social das Crianças].* Princeton: Princeton University Press, 1994.

--------. *The Purchase of Intimacy (A Compra da Intimidade).* Princeton: Princeton University Press, 2007.

Zizek, Slavoj. *Living in the End Times.* Londres, Nova Iorque: Verso, 2011.

--------. , ed. *The Idea of Communism 2: The New York Conference.* Londres, Nova Iorque: Verso, 2013.

Printed by Books on Demand GmbH, Norderstedt / Germany